U0117302

文學叢刊

胡全木著

近仁隨筆續集

文史哲出版社印行

國家圖書館出版品預行編目資料

近仁隨筆續集 / 胡全木著.-- 初版.-- 臺北市：文史哲，民 94
面： 公分.--（文學叢刊；168）
ISBN 957-549-588-8（平裝）

855 94000573

文學叢刊 168

近仁隨筆續集

著 者：胡 全 木
出版者：文 史 哲 出 版 社
http://www.lapen.com.tw
登記證字號：行政院新聞局版臺業字五三三七號
發行人：彭 正 雄
發行所：文 史 哲 出 版 社
印刷者：文 史 哲 出 版 社
臺北市羅斯福路一段七十二巷四號
郵政劃撥帳號：一六一八〇一七五
電話886-2-23511028‧傳真886-2-23965656
實價新臺幣 二八〇元
中華民國九十四年（2005）元月初版

ISBN 957-549-588-8

自序

韶光飛逝，歲月不居，先室謝罔市女士（別號夢芷）謝世，瞬逾五載，耄耋老翁，於塵世間，踽踽獨行，情何以堪。生平對先室愧疚實多，時深自責。夜夢中常與先室閒話家常，或攜手共舞，醒則四顧寂寥，寧靜無聲，往事如煙，不堪回首矣。為稍解獨居悲苦，仍以塗鴉，寫點小文，以打發日子，一晃已累積了不少篇，為資紀念，留點雪泥鴻爪，迺予刊印「近仁隨筆續集」一本。本書各文，其實無甚價值，惟敝帚自珍，尚祈各方賢達先進，親朋好友，多賜教正。又本書封面書名，蒙著者老長官，現僑居美國費城，九秩晉六嵩壽，前郵政總局局長王公叔朋所賜題，蒼勁秀麗，增益光彩，至為珍貴，無任感銘。本書結尾，謹附錄數位知心老友，於著者屆齡退休時，所撰溢譽吹噓著者宏文，敬申誠摯謝忱。

近仁隨筆續集 目錄

在集郵崗位上三千天的美好回憶

從集郵中心成立的歷史談起

郵政總局爲加強對集郵人士服務，及推展國內外集郵業務起見，特於民國四十九年專設一單位，以主其事，經呈奉交通部四十九年七月六日交郵（四九）字第〇五八六四號令核准，設置集郵中心。令文中說：「……集郵中心設主任及副主任各一人，分由郵務長及副郵務長充任，並視業務需要，酌予分科辦事。」集郵中心係於是年八月二十二日正式成立，與各處室並行。當時辦事的人員連主任在內共僅七人，並未設副主任，由此可見當時郵政總局用人之緊。成立時人員的名單爲：主任沈尙德，科長陳斌，組長陳逸谿及侯宛烽，科員葉潤芝、吳載梅、宋人慧等。集郵中心成立迄今，已逾二十五年。目前仍堅守崗位者，祗有侯宛烽及宋人慧兩位小姐而已，其餘均已先後退休，侯小姐已升任專門委員，是業務長的資位，宋小姐也做了組長，她們倆位，歷經五位主任，應可說是五朝元老，値得欽敬。到六十九年九月一日，因郵政總局組織法的修正，集郵中心改稱爲集郵處。集郵中心成立二十五年來，共更迭了五位主任（現改稱處長），首任主任爲上述沈尚德先生，他可說是開山祖師，在任二年七個多月（自四十九年八月二十二日至五十二年四月八日），陳蘭拯先生是第二任（自五十二年四月九日至五十五年三月一日），第三任爲楊敏詩先生（自五十五年三月二日至六十三年二月二十八日），筆者忝任爲第四任（自六十三年三月一日至七十一年六月五日），現任集郵處處長王威先生則爲第五任。前三任均已退休，集郵處之所以有今日規模，集郵業務之能有目前之蓬勃發展，成爲郵政主要業務之一，年有不少盈餘，飲水思源，都應歸功於三位已退休的前輩主任，打下堅厚的基礎，有以致之，值得我們感佩與懷念。

筆者在集郵崗位上工作共八年三個月零五天，計算日子達三千多天，是五任集郵中心主任（處長）中任期最長的一位。這三千多天可說是我一生中最值得回味及追憶的日子，也是我人生中最重要的階段，多采多姿。其間結交了不少國內外的集郵朋友。這些朋友，經我多年來的接觸、交往與體認，實在都有良好的職業，高尚的品格，美滿的家庭，受整潔，有耐心毅力的正人君子，筆者身受薰陶，獲益良多。因此，我不得不要衷心感謝郵政總局王前總局長叔朋先生，這位老長官的特達之知，例外的提攜與拔擢，於民國六十三年三月一日，由總局長秘書的職位，破格逕升爲集郵中心主任，以接替楊敏詩先生退休的遺缺。

我的晉升郵政總局一級主管，未經過已往的傳統與慣例，即往常由處室副主管派升爲主管，輒須先經過總局視察數年的階段，所以筆者之由秘書直升爲集郵中心主任，大大出乎同仁們意料之外，而我本人於事先也一無所知。可能是王總局長認爲我這個人，做事還肯負責盡職，不至令他失望。同時或許他認爲我與當時任供應處處長的晏星兄，性情相投，供應與集郵兩單位之間，必能和諧相處，密切配合，於集郵業務之發展前途，多所裨益。此外，我本身不集郵，不會引起集郵人士之話柄，也許是另一重要原因。而且，除了我自己不集郵以外，連我的三位兒女，對集郵也一無興趣，在他（她）們讀小學時，爲培養他們的正當嗜好，我曾向郵商那裏分別爲他們購買郵票簿各一本，簿內並放置圖案美麗的中外郵票，結果過不了多久，他們都送給了同學。

在我擔任集郵中心主任及集郵處處長八年多任期內，值得回憶的地方，實在很多很多，其中最重要的當然是舉辦郵票展覽，八年來舉辦了不少次郵展，其中有國內的，也有國外的。其次是開辦了很多期集郵研習會，培養了很多年輕的集郵生力軍。至於在電視裏開播專爲集郵人士收看

第一任主任
沈尚德先生

第二任主任
陳蘭拯先生

第三任主任
楊敏詩先生

曾任副主任多年的
侯宛烽小姐

曾任組長十餘年的
宋人慧小姐

的節目，即中華電視臺播出「郵迷俱樂部」，也是我任期內值得一提的。最後在我集郵崗位上三千多個日子裏，我的集郵好友，郵壇前輩，先後物故的有好多位，我對他（她）們的友情，對他們在郵壇上的成就與貢獻，以及對郵局的熱誠支持與合作，至今使我敬佩與懷念不已。現在讓我這枝禿筆，將我在集郵部門工作期間內所發生的重大事件一一縷述於下，雪泥鴻爪，希望在郵壇上能留點紀錄，如能作為我的集郵好朋友們酒餘飯後談笑之資，則於願已足。

百年郵展與建國七十年郵展

舉辦郵展為促進集郵風氣最有效方法之一，也是集郵中心頗為重要工作，在我的任內，所舉辦的郵展有很多次，國內方面最重要的，規模最大的要算兩次國際性郵展，第一次是百年郵展，係為慶祝我國第一套郵票，即集郵人士所習稱的大龍郵票發行一百年，於民國六十七年三月二十日至二十九日在臺北市　國父紀念館而舉辦的郵展，展出中外票品一千一百三十多框，參展之國家及地區計八十九個，各國友好郵政以公務類展出者計十六個，參觀人數逾二十六萬人。第二次為建國七十年郵展，係為慶祝中華民國建國七十年而舉辦，展出地點則在臺北市愛國東路二一六號新建儲匯大樓一至五層，展出期間為民國七十年十月二十五日至十一月二日，展出票品更高達二千一百多框，創國內有史以來郵展框數最高紀錄，也可說是國內規模最大的一次郵展。參展集郵家來自一百十七個國家及地區，友好郵政寄送票品參展者計九十二個，參觀人數更超過三十萬人。這兩次國際性郵展，郵政總局均各籌備二年之久。在籌備初期，百年郵展時，首先成立籌備委員會，由當時郵政總局局長王叔朋指派當時儲金匯業局副局長王振世擔任召集人，郵政總局供應處處長潘安生、公共關係室主任黃紹丞、會計處處長徐瑞穀、集郵中心主任胡全木為籌備委員。建國七十年郵展時則成立籌備小組，由當時郵政總局局長簡爾康指派當時郵政儲金匯業局副局長徐瑞穀為小組召集人，郵政總局供應處處長潘安生、總務處處長張翊、公共關係室主任楊旭、會計處處長徐茂蘭、集郵中心主任胡全木為小組委員。至展出前半年，籌備工作告一段落後，均撤

兩次國際郵展臨時郵局特戳圖案每日不同，百年郵展首日特戳以一分銀大龍郵票作中心圖案，以後九日，每日分別以北平故宮九龍壁上九條龍作為主題，九條龍的姿態各不相同。

銷籌備委員會及籌備小組，而另成立展出委員會，主持一切展出事宜。百年郵展時展出委員會召集人爲當時儲匯局副局長王振世，另一位副局長鮑伯玉爲總幹事，總務組組長爲當時郵政總局總務處長潘明紀、布置組組長爲供應處處長潘安生、管理組組長爲人二處委員王必模、公共關係組組長爲公共關係室主任黃紹丞、會計組組長爲會計處處長徐端穀、徵集組組長爲集郵中心主任胡全木。建國七十年郵展之展出委員會召集人爲當時任儲匯局副局長王述調，總幹事爲另一位副局長徐端穀，當時總局主任秘書唐植坤爲秘書組組長、總務處長黃友楚爲總務組組長、供應處處長張翊爲布置組組長（後改由今日郵政社社長林志夏接任），人二處委員曹志元爲管理組組長、設考會專任副主任委員汪承運爲公共關係組組長、會計處處長徐茂蘭爲會計組組長、集郵中心主任胡全木爲徵集組組長。郵政總局已往舉辦之各次郵展，其較具規模者，如郵政六十週年紀念郵展，中國郵票發行九十週年紀念郵展，四海同心郵展及國軍郵展，對展品均未實施評獎，蓋鑒於辦理之不易。惟到百年郵展時，因爲是一國際性郵展，性質不同，乃依照各國舉辦國際郵展慣例，首次對參展票品予以評獎，以期提高郵展水準，增加國內外集郵人士參展興趣，因此，特遴聘國內外郵壇上郵識豐富之著名集郵家十七人，組成評審委員會主其事，評審委員會參照國際郵展評審規則，訂定評審標準，作審愼公正之評審，結果共頒贈百年郵展最佳獎（得主爲我國張敏生的中國前清郵票專集）、國家大獎（得主爲美國 Mr. Philip W. Ireland 的中國第一套郵票及其以前之郵務）、國際大獎（得主爲美國 Mr. George P. Trefonas 的希臘大型漢密士肖像郵票）各一件，大金牌獎六件、金牌獎五十一件、大銀牌獎四十八件、銀牌獎八十一件、銅牌獎七十九件、紀念獎二十三件、另發各界贈送之特別獎十一件。一般輿評，多稱公允。該次評獎，已爲國內郵展奠立一良好典範與制度。到建國七十年郵展時，參照百年郵展辦理評審經驗與成規，亦組織評審委員會，對展品實施評獎，結果評出建國七十年郵展最佳獎（得主爲日本渡邊良夫的一八七一——一八七六年日本郵票集）、國家大獎（得主爲我國張敏生的中華民國建國時期之郵集）、國際大獎（得主爲西班牙Mr. Angela R. de Bustamante的海地古典郵票）各一個，大金牌獎十一個，金牌獎六十個，大銀牌獎七十六個，銀牌獎一百三十二個，銅牌獎一百六十四個及紀念獎五十個。評審委員們多認爲這次郵展展品，一般水準甚高，絕大部分曾在其他國際郵展中展出，獲得甚高之評價。這兩次郵展所聘評審委員及顧問，在國內外郵壇上地位崇高，頗孚衆望，例如百年郵展時任評審委員會副主席之Mr. B. Sellers，曾任美國一九七六年費城國際郵展會會長，目前已榮任美國最大郵會——美國集郵協會（American Philatelic Society）會長。建國七十年郵展時的評審委員及顧問中有三位曾任國際集郵聯合會（FIP）副會長，即美國的Mr. James DeVoss，瑞典的Mr. George B. Lindberg）及日本的市田左右一（Dr. Soichi Ichida）。至我國籍評審委員亦均爲國內郵壇上聲名卓著的集郵家。茲將兩次國際性郵展之評審委員及顧問名單列下：

百年郵展評審委員共計十六人，其中本國籍者十一人：（以姓名筆劃爲序）王藹雲、沈嘉濟、沈示偉、余祿祐、何炎、陳志春、黃建斌、黃兼慈、傅子綿、楊敏詩、鄭定邦。外國籍者五人：

沙樂士（F. Burton Sellers）、馬德楷（James J. Matejka Jr.）、米啓爾（Milton Mitchell）、戴意深（Ellery Denison）、島田達雄（Tatsuo Shimada）評審委員會顧問五人：鄒啓祥、關肇龢、齊華德（Walter Zachariasiewicz）、史敦（H. Steyn）、市田左右一。評審委員會主席爲王藹雲先生，副主席有兩位，一爲黃建斌先生，另一爲沙樂士先生。

建國七十年郵展評審委員共計二十三人，其中本國籍者計十二人（以姓名筆劃爲序）沈嘉濟、吳樂園、俞子敏、黃建斌、黃兼慈、傅子綿、鄒啓祥、楊敏詩、鄭定邦、劉煥民、薛聘文、關肇龢。外國籍者十一人：詹姆斯・狄華斯（James T. DeVoss）、霍雷斯・哈利遜（Horace W. Harrison）、市田左右一（Soichi Ichida）、葛勞特・金富（Clyde Jennings Jr.）、小泉達之助（T. Koizumi）、愛爾麥・李（Alma Lee）、龍杜諾（Don Jairo Londoro Tamayo）、彌爾敦、米啓爾（Milton Mitchell）、島田達雄（Tatsuo Shmada）、史亞賴（M. A. Siala）、史敦（H. Steyn）另聘請蔡英清及曹永達爲評審觀察員。評審委員會顧問二十六人，本國籍者二十人：尤復夏、王藹雲、白萬祥、沈示偉、李建昌、何炎、余祿祐、吳樂園、俞子敏、徐宗本、陳志春、許菱祥、陳繼勳、黃建斌、黃兼慈、黃履中、楊敏詩、鄭定邦、薛聘文、党恩來。外國籍者六人：海貝爾德・白勞樞（Herbert J. Bloch）、戴意深（Ellery Denison）、隆納德・李（Ronald A. G. Lee）、喬治・林白格（George Lindberg）、摩羅利（J. Morolli）、沙樂士（F. B. Sellers），評審委員會主席爲黃建斌先生，副主席有三位，即薛聘文先生、詹姆斯・狄華斯先生及市田左右一先生。

本局辦理國際性郵展，原無經驗，亦無成規可循，但兩次國際郵展，都能辦得有聲有色，尚具水準，不但獲得國內集郵人士之好評，也得到許多國際集郵家之讚譽，在國際郵壇上尚著聲名。

我要在此略舉幾位國外著名集郵專家，對我國這兩次國際郵展的評價，作爲明證。曾任美國郵政

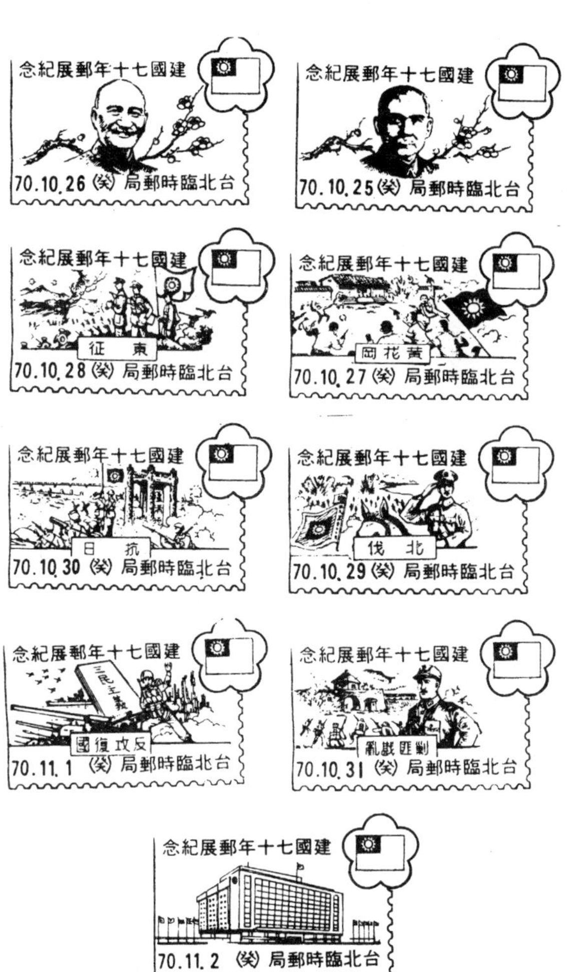

建國七十年郵展九日特戳中心圖案，依次爲㈠ 國父遺像，㈡先總統 蔣公遺像，㈢黃花崗，㈣東征，㈤北伐，㈥抗日，㈦剿匪戡亂，㈧反攻復國，㈨郵展會場儲匯大樓。

部部長郵票小組顧問及我國百年郵展評審委員，惜現已逝世的美國芝加哥著名集郵家馬德楷博士（Dr. James Matejka），於百年郵展後特在英文中國日報上撰文說，他一生中從未看到過如此精彩絕倫的中國票品，他曾參加過甚多次國際郵展，以這次內容爲最好。百年郵展另一位評審委員曾任美國集郵人協會會長的米啓爾博士（Dr. Milton Mitchell）說百年郵展在廿世紀的集郵歷史上，應爲最大規模的郵展之一，並對國郵類展品極表讚揚。南非集郵中心主任史敦先生（Mr. H. Steyn）說百年郵展已贏得舉世讚譽，他在過去十年，曾參加過世界上每一次較重要的國際性郵展，但沒有任何郵展能超越這次百年郵展。至於建國七十年郵展在國外獲得的讚譽則更多，諸如國際集郵聯合會副會長曾任建國七十年郵展評審委員會副主席的美國集郵家詹姆斯・狄華斯先生來函說，他在過去卅年間曾參加過甚多次國際郵展，建國七十年郵展，是他參加過辦得最好的一次。美國著名集郵家腓列普・艾爾蘭博士（Dr. Philip W. Ireland）及布勞先生（Mr. Fred F. Blau）均來信說，他們參加過不少次國際郵展，但沒有能與建國七十年郵展相比，這次郵展應位於最好之列。南非集郵家 Mr. Keith H. Holm，美國集郵家 Mr. Robert L. Welky 及 Mr. E. Erba 等均來函稱讚建國七十年郵展展品目錄印製精美，其中一位並說是他在世界性郵展中所見到過最好的一本，眞是佳評湧至，令人振奮。

兩次國際郵展之所以能辦得有如此成效，除應歸功於在事的全體郵展同仁的一致努力外，對當時郵政總局王前總局長叔朋之眞知灼見，能指派當時任副局長的施有強先生率同集郵中心主任即筆者，於民國六十五年五月間赴美去參加一九七六年美國爲慶祝建國二百年而舉辦盛大的費城國際郵展（INTERPHIL '76），得有觀摩機會，似應爲重要因素之一，不容抹殺。費城郵展展出票品四千餘框，爲規模最大國際郵展，我們在該次郵展中，學到了不少，也用心收集了甚多有關國際郵展的資料，諸如參展規則之訂定，展品之徵集，郵展之布置，展品評獎之辦法，徵集委員及評審委員之聘請，開幕典禮及頒獎晚會之方式，郵展手册展品目錄及得獎人名册等之編纂等等，對本局舉辦兩次國際郵展，有甚大的裨助。百年郵展及建國七十年郵展展出期間臨時郵局特戳圖案之每日不同（請見附圖），以及於會場設置專收寄每日實寄封之信箱等之辦法，都是學之於費城郵展。嗣後國內民間集郵團體舉辦全國性郵展，本局均應郵展主辦單位之請求，刻發設在郵展會場之臨時郵局每日圖案不同之郵展特戳，供集郵人士加蓋實寄封及集郵品之用，每日特戳圖案由郵展主辦單位提供，確可提高集郵人士之興趣。至於關於郵展評審給獎方面，則多承我旅美已故世之著名集郵家石少東先生之指教與協助，在費城郵展會場，由吳樂園及黃兼慈兩位先生之介紹，筆者有幸與其見面，爲一忠厚長者，其後蒙其不棄，時與筆者書信往返，承其陸續寄來許多有關國際郵展評審方面的寶貴資料，對本局卓著貢獻，殊應於此一提，表示我們對他由衷而誠摯的感念。

原載今日郵政月刊三三九期

與軍方聯合舉辦軍中郵展

筆者在集郵中心服務期間，與軍方取得相當良好的關係，因此，跟軍方聯合舉辦軍中郵展，實爲我在集郵工作崗位上重大事情之一，應值一提。舉辦軍中郵展，其主要目的，在於提倡軍中正當活動，促進軍中集郵風氣。其實，在軍中愛好集郵的高級將領及官兵爲數不少。經洽得國防部總政治作戰部之贊同與本局聯合舉辦軍中郵展。軍中郵展可分兩階段來說，第一階段係爲配合慶祝陸軍軍官學校建校五十週年而舉辦之「陸軍軍官學校建校五十週年紀念郵展」，可說是軍校金禧郵展，於六十三年六月十六日至十八日在鳳山市陸軍軍官學校中正圖書館裏展出，展出票品共四〇二框，其中郵政總局展出部分計三四二框：㈠蔣總統郵票專集九框，㈡從郵票看中華民國一五五框，㈢郵票上偉大軍人十六框，㈣郵票誕生的過程一二框，㈤史料十框。陸軍官校師生參展部份共十六〇框。當時任行政院院長之今總統蔣經國先生由何應欽上將、國防部部長、參謀總長、三軍總司令、當時陸軍官校校長秦祖熙中將以及軍政高級首長五十餘人陪同之下蒞臨會場參觀，由當時郵政總局王總局長叔朋接待說明，蔣院長認爲郵展頗富國民教育意義，指示本局嗣後應經常舉辦。於軍校郵展開幕那天，即六月十六日，郵政總局發行一套「陸軍軍官學校建校五十週年紀念郵票」，計一元及十四元兩種面值，並鐫刻紀念郵戳。第二階段則爲慶祝第二十屆軍人節，於是年九月三日至九日在臺北市國父紀念館舉辦「第二十屆軍人節國軍郵票展覽會」，簡稱國軍郵展，展出票品共五百餘框，其中郵政總局展出部分計有：㈠蔣總統郵票專集㈡從郵票看中華民國㈢陸軍官校金禧郵票誕生過程㈣郵票上的偉大軍人㈤郵票上的船和飛機㈥軍郵史料㈦棒球榮譽郵集㈧我國郵票在國際上的榮譽㈨彩色郵票印製過程㈩郵票用紙水紋的研究。軍中集郵人士參展者計三百餘框，以　國父及先總統　蔣公郵票專集爲多，具見軍中對　國父及先總統　蔣公之崇敬。國父紀念館則以大幅國軍戰史油畫十二幅參展：㈠東征―惠州之役㈡北伐―龍潭之役㈢剿匪―廣昌之役㈣抗戰―蘆溝橋之役㈤戡亂―延安之役㈥反共復國―古寧頭之役㈦鯁門島戰役㈧閩江口海戰㈨料羅灣外海海戰㈩杭州筧橋八一四空戰⑪武漢空戰⑫臺海空戰，爲國軍郵展生色不少。展出期間觀衆極爲踴躍，據估計達十餘萬人，頗獲好評。郵政總局爲配合國軍郵展之展出，特於九月三日發行「第二十屆軍人節國軍郵票展覽會紀念」小全張及「第二十屆軍人節紀念郵票」一枚。也鐫刻紀念郵戳。筆者在辦理軍中郵展期間，有幸結識到好多位軍中朋友，成爲良師益友。第一位是白萬祥將軍，當時他是國防部總政治作戰部的副主任，主任好像是羅友倫將軍，王昇將軍則爲執行官。白將軍字建生，愛好集郵，郵識豐富，其珍藏中有一個十分名貴的郵集，即臺灣光復以來，各國元首來我國訪問，所發行的紀念郵票，紀念信封或明信片，他都收集有一全套，是項集郵品上不但加蓋紀念郵戳，並有訪華元首的親筆簽名，所以至爲珍貴。我曾數次請他作公開展出，以饗集郵人士，均因他政務叢忙無暇整理而未果，至爲可惜。白將軍後來調離軍職，曾一度負責主持中央廣播電臺，現榮任中央黨部大陸工作會主任，對國家有卓著的貢獻。本局於舉

軍中郵展在鳳山軍校展出時，當時行政院院長今　蔣總統經國先生由何應欽上將（右一）等陪同參觀郵展，郵政總局王前總局長叔朋（左一）在作說明。

辦建國七十年郵展時，曾敦聘他擔任郵展會顧問。其次是國防部人事參謀次長室蔣國忠將軍，單字麟，他也酷愛集郵，其郵集曾在軍中郵展中展出。蔣將軍後來調升臺灣省警備總司令部參謀長，現已榮退。在舉辦軍中郵展期間，本局曾成立展出委員會以主其事，總幹事為當時軍郵總管理處安處長國基先生，筆者忝任副總幹事，襄助他工作。安處長亦已於十年前退休，目前身體十分健康。

抗戰勝利三十週年軍中巡迴郵展

六十三年與軍方聯合舉辦軍中郵展後，到了次年即民國六十四年，欣逢抗戰勝利三十週年，為資慶祝，並由郵票中追思先總統　蔣公勳業及國軍在八年抗戰中之偉大貢獻，進而展示復興基地臺灣近年來各方面之進步與國軍之壯大情形，藉以堅定反共復國之信心與意志，本局再次與國防部總政治作戰部聯合舉

抗戰勝利三十周年軍中巡迴郵展在馬祖社會教育館展出時，郵展辦理人員與社教館館長（左二）合影

辦「抗戰勝利三十週年軍中巡迴郵票展覽」，自該年七月至十二月半年期間，先後在金門、馬祖、澎湖、左營、岡山、臺南、臺中、中壢、花蓮、臺東等十地巡迴展出。金門、馬祖、澎湖等外島各展出五天，臺灣本島各地，除臺南因與臺南觀光年郵展聯合舉辦，展期爲七天外，其餘均爲三天。展出票品由集郵中心特別製作「總統　蔣公紀念郵票專集」九框，「抗日英烈像郵票」七框，「從郵票看中華民國」八十框，「郵票上偉大軍人」十四框，「中國郵票圖鑑」五十框。於金門、澎湖、臺中、臺東等地展出時，當地軍民亦有票品參展。筆者因職務關係，軍中巡迴郵展在金門、馬祖、澎湖等外島展出，曾代表郵政總局前往主持，成爲當地司令官之上賓，在金門時承軍方專撥貴賓用吉普車一輛及司機一名，供我乘坐，車頭插掛國旗，行車途中並受到官兵之敬禮。而赴馬祖所乘艦艇，則承軍方撥供將軍艙位房，深感榮寵。記得當時

金門訪衛司令官爲陸軍中將夏超，馬祖防衛司令官爲陸軍中將梁鳳彩，澎湖防衛司令官爲少將朱志遠。至於陪同筆者前往上述三外島辦理郵展之同仁有總局軍郵總管理處周副處長長發，第一軍郵管理處樂處長玳熙，因他們與軍方較爲熟稔，所以在辦理郵展期間，諸事均稱順利，而負責郵展布置工作者，則爲目前在郵政博物館服務的繪圖管理員林申墉先生，他的工作最爲辛勞。軍中巡迴郵展於各地展出時，參觀者頗爲踴躍，其中尤以軍人與學生爲多，頗獲好評，茲將此次巡迴郵展展出地點、期間、參觀人數等詳情列表於下：

國父郵票特展

臺北市　國父紀念館曾與本局聯合舉辦了不少次郵票展覽，其中規模最大的當然是百年郵票展覽，其詳情已如前敘，不再贅述。當時負責人是　國父紀念館管理處處長施俊文先生，秘書是程剛先生，總務組組長是孫

抗戰勝利軍中巡迴郵展展出地點期間參觀人數等一覽表

次序	地點	期間	參觀人數	郵展主持人	
1.	金門	64.7.16-20	30,000	金防部司令官	夏　超中將
2.	馬祖	64.8.14-18	10,000	馬防部司令官	梁鳳彩中將
3.	澎湖	64.9.3-7	30,000	澎防部司令官	朱志遠少將
4.	左營	64.10.10-12	25,000	海軍第一軍區司令官	楊西翰少將
5.	岡山	64.10.17-19	50,000	空軍訓練司令官	張濟民中將
6.	臺南	64.10.25-31	83,000	空軍供應司令官	周石麟中將
7.	臺中	64.11.12-14	12,000	第二軍團司令官	袁子濬中將
8.	中壢	64.11.21-23	31,000	第一軍團司令官	李家馴中將
9.	花蓮	64.12.1-3	30,000	東部守備區司令官	陳培維中將
10.	臺東	64.12.17-19	36,000	東部守備區臺東分區司令官	孫成志上校
總計			338,000		

菲華郵學會東南亞巡迴郵展在高雄展出時，筆者偕同晏星兄（左）與菲華郵學會前理事長黃天湧先生（中）合影

錦文先生。施處長曾是百年郵展會三位副會長之一，程秘書被聘為百年郵展會顧問，至於孫組長則擔任百年郵展展出委員會布置組副組長，他們三位對本局舉辦百年郵展，軍中郵展以及此次要述的　國父郵票特展，給我們甚多協助與便利，筆者於此應表示對他們衷心感謝之忱。　國父紀念館建築雄偉，展覽場地在當時是首屈一指的。有空調設備，清潔維護得十分良好，且管理嚴密，展品可保安全無虞，他們能與本局聯合舉辦郵展，實乃本局之幸。回憶民國六十四年，是我們的　國父孫中山先生逝世五十週年，　國父紀念館為資紀念起見，特邀本局聯合舉辦「國父郵票特展」，俾從郵票中來瞻仰　國父的豐功偉績及對國家民族的貢獻。展出期間為該年三月十二日至十七日，共計六天。展出地點在該館二樓中山畫廊南室，展出票品共計一四四框，其中集郵家參展者有張敏先生先之　國父郵票專集五十四框，沈嘉濟先生之　國父像

郵票選集十框、國歌及　國父紀念歌郵票三框，黃振尤先生之　國父郵票信封明信片及貼票卡六框，鄭定邦先生之國旗國歌郵票七框，王景明先生之國旗郵票信封貼票卡三框，本局則展出中國郵票圖鑑印樣初稿六十框。在此次展出票品中值得一提的是張敏生先生提供的　國父郵票專集中，有一枚珍品，即　國父像紐約版倒框郵票，爲二元面值，據集郵人士考證，是項二元面值　國父像邊框倒印郵票，世界上僅發現五十枚。張敏生這次提供的這枚珍品，係於前一年由國外以合於新臺幣九萬元之高價拍回，在國內係首次展出。

中國郵幣展覽

位於臺北市南海路植物園內之國立歷史博物館與本局關係亦相當深厚，民國六十一年，曾與本局聯合舉辦「四海同心郵展」，大家辦得有聲有色，轟轟烈烈，可說十分成功。筆者於六十三年到集郵中心後，與該館仍維持良好的關係，館長何浩天先生變成我的益友，時承指教，我們一有機會就聯袂合辦郵展。何館長已於去年榮休，我對他十分懷念。我與他第一次合辦的郵展是「中國郵幣展覽」，此項郵展係爲慶祝先總統　蔣公就任第五屆　總統三週年，暨本局爲國立歷史博物館收藏的古代錢幣而發行的郵票，於六十四年五月二十日至六月一日與國立歷史博物館聯合舉辦者，在該館二樓國家畫郎展出。展品由本局提供者計有：㈠歷年在臺發行之先總統　蔣公玉照郵票原圖特展二十六框，㈡先總統　蔣公紀念郵票專集十框，㈢中國郵票圖鑑四十六框，㈣外國郵票上的錢幣十二框，㈤我國古錢郵票及研究資料十六框，共計一一〇框。集郵家參展的有黨宇平先生的「從郵票看我國幣制專集」六框，黃振尤先生的㈠蔣總統玉照及勳業郵票三十八框，㈡先總統　蔣公接見訪華友邦元首照片及郵票專輯二十一框，本局此次爲我國古代錢幣發行的郵票計四枚，分別以：㈠周圜金㈡秦半兩㈢漢五銖㈣梁五銖等四種古錢爲中心圖案。走筆至此應予一

上面是文中所述郵展之臨局戳

述者，厥爲菲華郵學會爲慶祝成立廿五週年而舉辦的東南亞巡迴郵展，於臺北市作首站展出，即於五月廿日與「中國郵幣展覽」同時在國立歷史博物館二樓聯展，展出黃天湧、莊順成、傅子錦、蘇惟通、陳國珍、楊秀聰、梁民生及陳德銓等之珍藏約四百框，大大地增加了郵幣展覽之聲勢。菲華郵學會爲一熱愛祖國之集郵團體，與本局維持極爲密切的關係。該會爲配合南東亞巡迴郵展，特組織東南亞訪問團，由莊順成及洪榮聰分別擔任名譽團長及副團長，團長則爲黃天湧，副團長爲傅子綿，團員有蘇惟通、梁民

生、陳國珍、陳繼勳、袁靜淵等，筆者與晏星兄，有幸均被聘爲顧問，巡迴郵展於六月七、八兩日在高雄中國國際商業銀行大樓二樓展出時，晏星兄與我受菲華郵學會理事長黃天湧先生之堅邀，曾一同南下協助辦理，與菲華訪問團團員同住高雄華園飯店，相處十分融洽與愉快。

原載今日郵政月刊第三四〇期

集郵團體舉辦的自強郵展

中華民國自強郵展爲國內各集郵團體自行舉辦的全國性郵票展覽，每年舉辦一次，由各地集郵團體輪流主辦，本局從旁予以協助支援。自強郵展係由中國集郵協會於民國六十三年所發起，也就是筆者接任集郵中心主任那一年，除獲得當時國內各郵會：高雄市寶島郵學會、臺南市郵學會、臺中市中興郵學會及中國專題郵會等一致贊成外，國外菲律賓華僑郵學會、香港尖沙咀集郵中心及新加坡集郵學會亦熱烈響應。郵展名稱之所以稱爲「自強」，乃符合先總統　蔣公對國人「莊敬自強」之昭示。至自強郵展之舉辦目的，當時中國集郵協會理事長黃履中先生曾撰文指出：「舉辦自強郵展目的，爲提倡集郵風氣，互相觀摩研究，以提高集郵水準，且各郵會互相團結，合作無間，發揮和衷共濟友愛精神，打破夜郎自大門戶之見，共爲中國集郵水準之提高，進軍國際郵壇與提倡大衆集郵而努力。」

第一屆自強郵展於六十三年十一月廿三日至十二月一日在臺北市國立歷史博物館展出十天，

六十九年三月中華民國郵展在東京展出時，由當時我國駐日亞東關係協會代表馬樹禮先生主持開幕典禮。

展出票品計一千餘框（每框裝貼票頁四頁），是屆郵展因適逢　國父孫中山先生建黨革命八十週年，曾獲中國國民黨臺灣區郵政黨部委員會大力支援，郵政總局集郵中心特製作「　國父建黨革命八十週年從郵票看中國國民黨的奮鬥」展品二十三框配合展出。筆者於是屆郵展曾獲郵展當局之聘請榮任評審委員，也是筆者終生第一次擔任郵展評審。第二屆自強郵展於六十四年十二月十日至十四日在臺北市寶慶路遠東百貨公司三樓展出五天，因受場地限制，展品減爲三百二十餘框，郵政總局並展出兩項專題：㈠郵票與國民外交㈡粉碎中共在國際郵壇上排我陰謀共十餘框。第三屆移往高雄市展出，由高雄市寶島郵學會主辦，於六十五年十月卅一日至十一月七日在高雄市大統百貨公司八樓展出八天，展出票品計國際標準展框二百五十框，每框裝貼票頁十六頁，按是項展框爲本局所特製，原留待六十七年舉辦百年郵展應用，但爲贊助民間集郵團體舉辦郵展，儘先借供第四屆自強郵展之用。是屆郵展有一特色，即配設於郵展會場之臨時郵局所用特戳圖案，本局為應寶島郵學會之要求，每日不同，為以後全國性郵展開創先河，此一措施深得郵壇人士之好評。

每屆自強郵展均聘請郵政總局局長為郵展會名譽會長，因此自強郵展開幕典禮，郵政總局局長多應邀並儘可能到臨參加，筆者以職務關係，多追隨總局長一同出席，除第一、二、四、十屆自強郵展在臺北市舉辦，當然參與開幕典禮致賀外，第三屆在高雄市，筆者與當時任供應處處長晏星兄陪同王總局長叔朋先生南下參加，第五屆在臺南市，我倆則跟隨施總局長有強先生參與盛典，第六屆在臺中市舉行，簡總局長爾康先生則率同筆者前往前加，第七屆在嘉義市舉行時，筆者陪同由當時任副局長之王述調先生代表簡局長前往參加，第八屆在宜蘭市及第十一屆在彰化市舉行，筆者均奉命代表郵政總局前往參加。至第九屆在屏東市舉辦時，則陪同當時王總局長述調先生南下參加。所以自強郵展雖非郵政總局主辦，但對筆者而言，仍有十分密切的關係。茲將歷屆自強郵展之展出期間、地點、展出框數及主辦單位等詳情列表於下：

編印「從郵票看中華民國」畫冊

由於郵票上的主題和圖案包羅萬象，從郵票上的主題和圖案，可以反映出一個國家的歷史文化，民族精神，地理環境，風土人情，社會背景，以及各方面的進步情形，一個國家發生的重大事件，偉人偉績及慶典活動，多發行紀念郵票，以郵票來作表現及印證，郵票是國民教育及宣傳報導的利器。因此，郵票等於一個國家的寫照，也是一個國家各項活動的眞實記載，所以有人稱郵票爲一個國家的面貌，一個國家的名片，實不爲過。

本局鑒於郵票既具有上述特性，爲促進國際文化交流，讓各國人士從郵票上的圖案來認識及瞭解我國，並配合國家當前總體外交政策以加強國際宣傳起見，特辦理兩項工作，均由集郵中心主其事。其一是編印一本「從郵票看中華民國」的畫冊，將我國五千年來悠久的文化傳統，以及它的發展，我國的藝術瓌寶，歷代可資崇敬的偉大人物，可歌可泣的歷史事蹟，錦繡河山中的大好風光，國民生活中多采多姿的景物，民國的開創和成長，以及臺灣復

屆次	展出期間	展出地點	展出框數	主辦單位
1	63.11.23-12.2	臺北市國立歷史博物館	一千框（每框裝四頁）	中國集郵協會
2	64.12.10-12.14	臺北市遠東百貨公司三樓	三二〇框（每框裝四頁）	中國集郵協會
3	65.10.31-11.7	高雄市大統百貨公司八樓	二五〇框（每框裝十六頁）	高雄市寶島郵學會
4	66.8.6-8.14	臺北市民眾活動中心	二六三框（每框裝十六頁）	中國集郵協會、中國專題郵會
5	67.10.25-10.29	臺南市臺灣省立臺南社教館	一九九框（每框裝十六頁）	臺南市郵學會
6	68.12.22-12.30	臺中市中山堂	三〇五框（每框裝十六頁）	臺中市中興郵學會
7	69.10.25-11.2	嘉義郵局	二四二框（每框裝十六頁）	嘉義縣集郵協會
8	70.3.29-4.2	宜蘭縣府中正堂	二一六框（每框裝十六頁）	宜蘭縣集郵學會
9	71.8.14-8.18	屏東唐榮國小大禮堂	五二〇框（每框裝十六頁）	中國集郵協會屏東分會
10	72.10.25-11.1	臺北市國父紀念館	五一四框（每框裝十六頁）	中國集郵協會
11	73.9.28-10.2	彰化縣立文化中心	四六四框（每框裝十六頁）	彰化縣郵學會
12	74.10.25-10.31	郵政博物館六樓	三二二框（每框裝十六頁）	臺北縣集郵學會

附註：郵政總局提供之特別展品，第一屆爲「國父建黨革命八十週年——從郵票看中國國民黨的奮鬥」二十三框，棒球榮譽十框，第二屆爲「郵票與國民外交」及「粉碎中共在國際郵壇上排我陰謀」十餘框。第四屆爲籌備百年郵展資料十餘框。

興基地各方面建設的進步，經濟繁榮，教育普及，三軍壯大等實況，利用歷年來發行郵票上的圖案，予以充分表現。該書內容分爲：㈠中國簡介，㈡中國五千年歷史，㈢中華民國的誕生，㈣今日的中華民國，㈤中國的文化傳統，㈥中華郵政事業等。是書中文本係由當時任供應處處長潘安生先生撰寫，英文本則由集郵中心楊前主任敏詩先生翻譯，經過臺灣神學院院長杭克安博士（Dr. Carl Hunker）之核正。初版於民國六十年問世，受到普遍的歡迎，於當年即曾再版二次，到筆者接任集郵中心主任後，除曾一再予以增版外，並予充實內容，革新封面式樣，先後銷售十餘萬册，爲最暢銷郵政書刊。後來爲配合在國外各地舉辦中華民國郵票展覽需要，在筆者任內曾先後發行上述畫册之法文本（由外交部非洲司專員林志鴻先生翻譯，胡世熙大使核正，於六十八年三月二十日出版），德文本（由臺灣大學法律系主任王澤鑑翻譯，輔仁大學德籍教授核正，於六十八年三月二十日出版），西班牙文本（由外交部中南美司練專員日扶先生翻譯，於民國六十八年三月二十日出版），日文本（由本局技術處退休科長鍾英光先生翻譯，退休副總局長應國慶先生核正，於六十八年三月二十日出版），韓文本（由政治大學東語系韓文組教授陳祝三先生翻譯，於七十年十二月出版）等五種版本，頗受國內外郵壇之重視。

國外舉辦「中華民國郵票展覽」

其二是製作郵票展品，到世界各國去舉辦「中華民國郵票展覽。」展品內容係依照前述「從郵票看中華民國」畫册而精心製作。總標題爲「從郵票看中華民國」，每框上方正中，均貼有國旗一面，國旗下書「中華民國」中文及外文字樣，框內所貼郵票多爲四方連，另附加有關彩色圖片及文字說明，俾增加外籍觀衆欣賞的興趣和瞭解，該項郵票展品，爲便於運送攜帶及裝掛，係以硬紙板作底，外裝鋁框，配以壓克力不碎玻璃，每框尺寸爲二〇×三〇吋。郵票展品內容分下列幾部分：

㈠中國的文化傳統：簡單地介紹我國五千年文化的悠久歷史。

㈡中華民國的誕生：主要敘述民國肇造和在內憂外患中的建國歷程。

㈢今日的中華民國：表現出在復興基地臺灣，開明的政治領導，繁榮的經濟，鞏固的國防，普遍而發達的國民教育，體育活動，公共衛生設施，國際技術合作，僑胞四海歸心，觀光事業，臺灣美麗風光，豐富物產以及郵政服務等。

㈣中國郵票全集：爲了迎合國外集郵人士研究中國郵票的需要，特將我國早期郵票（自前清光緒四年，即一八七八年的第一套雲龍郵票開始，到民國三十八年，即一九四九年爲止），作爲展品第四部分，並將近期國郵，即自民國三十八年本局遷臺發行之郵票，作爲第五展出部分。早期郵票多較名貴，爲了運輸和保管的風險，並未用原票展出，而改用與原票非常逼眞的彩色照片，其尺寸和色澤與原票無異，這些照片係承集郵家黃兼慈先生熱心提供。後來本局編印之「中國郵票圖鑑」於六十四年元月問世，圖鑑上之郵票，無論色澤及票幅均較上述彩色照片更爲逼眞，因之乃改用散頁圖鑑裝框展出。中華民國郵票展覽於六十九年九月四日至八日在中美洲巴拿馬舉行時，因當時我國行政院孫院長運璿暨夫人正訪問巴拿馬，簡前局長爾康決定我國早期票部分亦改用原票展出。但早期票中為我國郵瓌寶的紅印花小壹圓票，郵政總局庫存中並無此票，乃臨時向集郵家借用，由筆者隨身帶往，於開幕典禮時展出一天，因是枚郵票價値連城，深恐遭竊，乃於當天晚上即予取下，另以與原票逼眞之中國郵票圖鑑上之紅印花小壹圓票剪下，替代展出，當時並予保密。

本局在國外各地舉辦中華民國巡迴郵展之宗旨，己如前述，即係為促進國際文化交流，使國際人士從郵票上圖案來認識並瞭解我國悠久歷史文化及目前在臺灣之進步情形，並配合國家當前總體外交政策，以加強國際宣傳。在國外舉辦郵展，諸承外交部及行政院新聞局駐外單位之全力協助與支援，同時也得到本局在國外郵票經銷商的幫忙。本局因限於預算及人手，未能逐一派員前往辦理，大多請各駐外機構代辦展出事宜，而由本局補助一點象徵性的展出經費，初期在中南美洲各國，每地為美金二百元，在歐洲及非洲則為美金四百元，至展品運輸費用，則憑據核實報支。後來展出經費逐漸提高至美金六百元、八百元，甚至超過一千元。

為加強郵展之宣傳報導，由本局印製大型「中華民國郵票展覽」彩色海報，寄送國外主辦單位事先張貼。並製作長方型巨大緞質郵展錦旗，錦旗上除繡有我國國旗外，並分別以中、英、法、西、德、義、日、韓、沙等國文字繡成「中華民國郵票展覽」字樣，在郵展會場入口處懸掛，同時大量印製彩色展品目錄及集郵服務摺頁於郵展會場分送觀衆。我駐外辦理郵展新聞及展出情況等消息，郵展開幕典禮或郵展晚會時，各國政要、文化、集郵界領袖及社會上著名人士多前來參加，郵展於烏拉圭展出時，烏國總統伉儷曾蒞臨觀賞，總統夫人並爲郵展剪綵。所以在國外舉辦郵展，可使我國駐外機構及人員與各國首長及各界領袖增加認識接觸的機會，增進彼此間之情誼。筆者以職務關係，曾多次奉派前往國外舉辦是項郵展，深感欣幸。

總計於集郵中心主任任內，於六十六年十二月，曾追隨當時郵政總局簡副局長爾康去美國洛杉磯，在科學工業博物館展出「從郵票看中華民國」英文說明展品，六十八年一月，則由當時施總局長有強率同筆者前往沙烏地阿拉伯吉達舉辦中華民國郵展，展出阿文說明展品。六十九年三、四月間中華民國郵展在日本東京及大阪展出時，筆者與曹志元及戴德兩兄，則由當時郵政總局王副局長述調帶領之下前往辦理，我們四人對日語並不太熟稔，幸承青年集郵家廖光禹先生之全力協助，始圓滿達成任務，他於該時負笈東京，乘假期前來幫忙。是年九月間，筆者與戴德兄曾到巴拿馬及厄瓜多爾基多舉辦郵展，展出西班牙文說明展品。郵展在巴拿馬舉行時，適逢當時行政院孫院長伉儷訪問該國，簡前總局長曾親往主持，開幕典禮並由孫院長夫人會同巴國教育部部長夫人剪綵，至具盛況。七十一年九、十月間，筆者又奉命單槍匹馬遠赴澳大利亞，在雪梨、墨爾缽、達堡等三地舉辦中華民國郵展。七十四年六月，我乘赴義大利參加國際快捷郵件研討會之便，曾與聯郵處方處長有恒先生去米蘭市附近之布利西亞（Brescia）鎮，主持義華文經友好協會主辦

「中華民國郵展」之開幕典禮。

本局在世界各國舉辦郵展，展出從「郵票看中華民國」郵票展品，頗獲國外人士很好的評價，茲僅舉薩爾瓦多內政部部長馬丁內斯上校在郵展開幕典禮上所說的話來作證明，他說：「此項展覽所展出的郵票，代表著中國光榮的歷史，深厚的文化，豐富的哲學，以及其國民奮鬥的歷程，尤其從這些展出的郵票中，可以看出中華民國近年來在三民主義的基礎上，以及總統　蔣公的精神指引下，在經濟和社會各方面的快速發展，已爲世界所有開發國家提供極佳的楷模。」而英文中國日報在六十六年一月十五日的社論，以「我們的郵票攻勢」爲題說：「……我國郵政於最近數年來，透過一連串的郵票展覽，贏得了無數的友誼。……百年來發行的郵票，說明了中國的歷史。從郵票上的圖案，使世界各國瞭解我國的文化，各方面進步情形及其領導地位。……最重要的是郵票，事實上能透入我們的外交所不能到達的地方。這些小方塊的郵票，帶著我們的國旗，到達比一艘砲艦更確定更遙遠的地方。」

本局自六十二年至七十一年在國外舉辦郵展，共達六十三次，展出地區遍及亞洲、澳洲、美洲、歐洲及非洲，國家共三十一國六十城市，茲將十年來展出國家城市及期間等詳情列表於下以供參閱：

洲別	展出地點	展出期間	展品說明文字	展品框數
亞洲	沙烏地阿拉伯吉達市	68 年 1 月 10 日至 17 日	阿拉伯文	132 框
	約旦安曼	68 年 4 月 21 日至 28 日	阿拉伯文	131 框
	日本東京	69 年 3 月 25 日至 30 日	日文	131 框
	日本大阪	69 年 4 月 7 日至 9 日	日文	131 框
	韓國漢城	71 年 6 月 2 日至 10 日	韓文	171 框
澳洲	雪梨	71 年 9 月 27 日至 10 月 1 日	英文	146 框
	達堡	71 年 10 月 2 日至 3 日	英文	146 框
	墨爾缽	71 年 10 月 5 日至 12 日	英文	146 框
北美洲	紐約聖若望大學	62 年 9 月 8 日至 22 日	英文	159 框
	紐約市中華文化中心	62 年 10 月 8 日至 19 日	英文	159 框
	美國芝加哥	63 年 2 月 11 日至 23 日	英文	159 框
	美國波士頓	63 年 3 月	英文	159 框
	美國阿特蘭達	63 年 3 月 25 日至 4 月 5 日	英文	159 框
	美國邁阿密	63 年 4 月 19 日至 21 日	英文	159 框
	美國休士頓	63 年 5 月 6 日至 18 日	英文	159 框
		69 年 3 月 2 日至 29 日		
	美國舊金山	63 年 6 月 17 日至 23 日	英文	159 框
	美國舊金山	68 年 10 月 31 日至 11 月 2 日	英文	159 框
	美國波特蘭	63 年 8 月 28 日至 9 月 7 日	英文	159 框
	美國加利西哥	64 年 3 月 1 日至 9 日	英文	159 框
	美國關島	64 年 4 月 4 日至 8 日	英文	159 框
	美國洛杉磯	66 年 12 月 6 日至 67 年 3 月 5 日	英文	159 框
	美國洛杉磯	69 年 2 月 13 日至 2 日	英文	159 框
	美國夏威夷	68 年 10 月 7 日至 14 日	英文	159 框
	美國鳳凰城	69 年 3 月 14 日至 2 日	英文	159 框
中南美洲	哥斯達黎加	63 年 8 月 1 日至 10 日	西班牙文	155 框
	巴拿馬	63 年 8 月 24 日至 27 日	西班牙文	155 框
	巴拿馬	69 年 9 月 4 日至 8 日	西班牙文	196 框
	哥倫比亞	63 年 9 月 20 日至 3 日	西班牙文	155 框
	巴拉圭	63 年 10 月 28 日至 11 月 5 日	西班牙文	155 框
	烏拉圭蒙特維地亞	63 年 12 月 4 日至 7 日	西班牙文	155 框
	烏拉圭蒙特維地亞	66 年 10 月 3 日至 5 日	西班牙文	155 框
	烏拉圭羅莎	66 年 10 月 26 日至 3 日	西班牙文	155 框
	烏拉圭卅三省	67 年 2 月 8 日至 11 日	西班牙文	155 框
	烏拉圭特蒙維地亞	71 年 5 月 31 日至 6 月 13 日	西班牙文	196 框
	波利維亞拉巴斯	63 年 10 月 21 日至 25 日	西班牙文	155 框
	波利維亞拉巴斯	70 年 3 月 23 日至 4 月 1 日	西班牙文	196 框

	波利維亞拉巴斯	70年5月2日至25日	西班牙文	196框
	厄瓜多基多市	69年9月15日至19日	西班牙文	196框
	秘魯	69年11月20日至2月2日	西班牙文	196框
	宏都拉斯	64年9月23日至27日	西班牙文	155框
	薩爾瓦多	65年1月20日至3日	西班牙文	155框
	智利	70年8月27日至9月4日	西班牙文	196框
	阿根庭	71年3月15日至24日	西班牙文	196框
歐洲	西德慕尼黑	65年10月28日至11月2日	法、德、義文	132框
	義大利羅馬	65年11月15日至21日	法、德、義文	132框
	比利時布魯賽爾	65年12月10日至24日	法、德、義文	132框
	荷蘭海牙	66年1月13日至2月1日	法、德、義文	132框
	西德漢堡	66年2月18日至3月12日	法、德、義文	132框
	西德柏林	66年3月25日至4月22日	法、德、義文	132框
	法國巴黎	66年5月14日至21日	法、德、義文	132框
	盧森堡	66年6月21日至26日	法、德、義文	132框
	希臘雅典	66年1月3日至7日	英文	132框
	西班牙 Zaragoza	67年4月24日至29日	西班牙文	155框
非洲	賴索托	66年2月25日至28日	英文	132框
	史瓦濟蘭	66年3月16日至18日	英文	132框
	南非約翰尼斯堡	66年4月4日至9日	英文	132框
	南非開普敦	66年6月16日至23日	英文	132框
	馬拉威布蘭岱	66年8月12日至16日	英文	132框
	馬拉威新都	66年8月19日至26日	英文	132框
	南非西門斯城	70年4月11日至15日	英文	132框
	南非開普敦	70年5月16日至19日	英文	132框
	南非伊麗沙白港	70年5月23日至25日	英文	132框
	南非德爾班港	70年5月29日至30日	英文	132框

原載今日郵政月刊
三四一期

舉辦集郵研習會

本局爲配合政府政策及中國青年反共救國團所舉辦的青年寒暑假自強育樂活動，同時爲增進青年集郵知識，研究集郵方法，培養集郵興趣，特自六十年暑假起，與中國青年服務社聯合舉辦集郵研習會，地點在北投風景區泉源路的郵政訓練所，每期研習期間爲一週，凡年齡在三十五歲以下社會或在學青年，均可報名參加，酌收伙食費數百元。參加學員們不但在研習會中可以互相切磋郵學，且因生活食宿在一起，可以增進友誼，達到「以郵會友」的目的。研習課程由郵政總局集郵中心安排，聘請集郵專家及郵壇前輩擔任講座。學員們的生活管理則由中國青年服務社負責，他們派有活力充沛的男女輔導員數人與學員們共同生活。該社副總幹事李秀蘭女士亦常駐會裏，與學員們打成一片。爲期一個星期的研習會，上午多爲室內課程，下午則參觀郵政物館、郵票印製廠、郵政設施及社會調查局等。晚間則爲多采多姿的康樂活動。筆者接任集郵中心主任後，繼續舉辦是項頗有意義的活動，截至執筆時爲止，十四年來共舉辦集郵研習會十五期，參加研習會的青年集郵朋友共計九百六十八人，其中女性者爲二百六十二人。有不少位青年曾連續參加三、四次，由此可見此項研習會對他（她）們吸引力之一斑。

在每期集郵研習會期間，多承中國青年服務社的協助合作，本局集郵中心與該社之間，相處素稱融洽。每期開班之前，兩單位總先舉行座談會，當面洽商一切。該社負責人總幹事率同副總幹事及相關經辦組長與本局集郵中心主任、副主任及相關科長等均參加座談。集郵研習會自第一期至目前爲止，該社總幹事更迭了很多位，他們是王伯音、王生年、唐勃、江新鵬、蔡志恒、陳錦明等諸位先生，但副總幹事始終是李秀蘭女士，可謂歷朝元老。在每期集郵研習會舉行期間，她都長駐郵政訓練所裏跟學員們在一起，負責輔導他（她）們的生活起居，實在十分辛勞。她有一位義大利籍的女婿，曾參與籌築德基水庫的工程，本局以法、德、義文說明的「從郵票看中華民國」的郵票展品，其中義大利文說明即承她的女婿翻譯。茲將自第一期至第十五期集郵研習會舉辦期間及參加人數列表於下，以供參考：

期別	期間	學員人數			備註
		男	女	共計	
1	60年8月8日至14日	60	13	73	內有彰化、屏東、嘉義、桃園、花蓮、臺東等辦理集郵業務之經辦員各一人。
2	61年2月6日至12日	52	24	76	
3	61年8月13日至19日	43	33	76	
4	62年8月19日至25日	59	18	77	
5	64年1月30日至2月5日	44	21	65	
6	64年7月27日至8月2日	40	16	56	
7	65年7月18日至24日	28	17	45	
8	66年7月24日至30日	35	12	47	
9	67年7月30日至8月5日	35	5	40	
10	68年7月22日至28日	59	18	77	
11	69年8月10日至16日	52	20	72	
12	71年7月18日至24日	33	14	47	
13	72年7月17日至23日	50	12	62	
14	73年7月29日至8月4日	61	16	77	
15	74年8月4日至10日	55	23	78	
總計		706	262	968	

郵迷俱樂部之開播

在筆者擔任集郵中心主任第一年，即民國六十三年下半年，在中華電視臺上出現了一個專爲愛好集郵的朋友的節目，名叫「郵迷俱樂部」。於開播前該節目製作人白厚元先生曾與筆者多次聯繫，交換意見，我居間爲他介紹國內著名集郵家及郵學專家，如黃建斌、王藹雲、陳志川、黨恩來、沈嘉濟等跟他認識，並儘量予以協助支持，力促其成。該節目內容包括：新郵介紹、集郵漫談、郵政史料、郵人事跡、郵學常識等。節目主持人爲白厚元先生之夫人牛海萍小姐。自該年七月廿一日起於每週日下午三時三十分播出，爲時半小時。

香港集郵家林文琰（左）以紅印花小壹圓四方連孤品參加古典郵展，交通部連部長（右）頒贈一等二級郵政獎章。

第一次播出時，當時郵政總局王局長叔朋先生、供應處處長潘安生先生均在螢光幕上出現，接受訪問。於七月二十八日第二次播出前，白製作人鑒於不少郵迷們很想知道郵政總局集郵中心的工作情形，以及不要排隊如何能購到集郵票品辦法等等，堅邀我在節目裏報告，力辭未獲，因此有幸於第二次播出時在螢光幕上亮了一次相。集郵家在郵迷俱樂部裏出現的，憑我記憶所及，好像有黃建斌、王藹雲、陳志川、沈嘉濟、黨恩來、鄭定邦、錢揆文，以及菲華集郵人士傅子綿、陳國珍、梁民生等諸位先生。該節目播出後頗受集郵朋友的喜愛與好評，美國集郵新聞俱樂部於六十三年九月廿一日出版之集郵消息內有該俱樂部前任會長 Mr. Dick Hardie 訪臺及郵迷俱樂部開播之報導，他認為在電視上專為集郵朋友開播一節目，在世界各國尚不多見。為增加收看郵迷俱樂部之興趣，於節目最後數分鐘特安排有關集郵問題的有獎徵答，由本局提供郵票册，郵票玻璃盤等作為獎品。該節目後因支持經濟之某廣告商生意失敗，僅播至該年年底，十二月二十八日播出第二十四集而告結束，為時計五個多月。

配合我國敦睦艦隊訪問沙國及南非郵展

為配合我國敦睦艦隊訪問友好國家，曾在艦上設置「郵展專館」，舉辦郵展，以郵票上圖案來展示我國各方面之成就及國家新形象，以爭取盟國友誼及僑胞之向心力。共辦理三次，第一次於七十年五月訪問南非共和國，第二次於七十一年五月訪問沙烏地阿拉伯王國，第三次則於七十四年七月再度訪問南非。展出票品，訪問南非共和國者，為英文說明之「從郵票看中華民國」展品一四六框（內分三大部分；㈠中國的文化傳統八十四框，㈡中華民國的開創十五框，㈢今日的中華民國四十七框）。訪問沙國者則為阿拉伯文說明之「從郵票看中華民國」展品一三四框（內分四大部分；㈠中華文化傳統，㈡中華民國的誕生，㈢今日中華民國，㈣中國郵票圖鑑）。第一次訪問南非，係於七十年五月十一日至十五在西門斯城，五月十六日至十九日在開普敦，五月廿黨國元老張資政群（右一）參觀古典郵展。

二日至廿五日在伊麗沙白港，五月廿九日至卅日在德爾班港等四大港口展出。第二次訪問南非則僅於七十四年七月五日至六日在開普敦，七月十三日至十四在德爾班展出。七十一年訪問沙國，於五月卅日至六月一日在吉達港展出三天。

中國古典郵票展覽

本局在臺灣三十多年來，舉辦了不少次郵票展覽，論規模當然以民國七十年所舉辦的建國七十年郵展爲最大，展出票品共二千一百多框，但若以中國票品之內容來說，則以民國七十一年十一月十二日至十六日在臺北市國立歷史博物館四樓展出的中國古典郵票展覽爲最精彩，我國早期珍罕票品，可說絕大部分都在該次郵展中露臉。雖然展出框數只有八十框，自不能與建國七十年郵展相比，但每框都是精品，價值可觀。就我國國郵瓌寶紅印花小壹圓票而論，據集郵專家考證存世者僅三十枚，而此次古典郵展展出者多達十二枚，比百年郵展展出五枚，建國七十年郵展展出九枚，多出不少枚。

尤其值得一提者，厥爲有「華郵之王」之稱的「紅印花加蓋小字當壹圓四方連」世界孤品，已往從未在郵展中作公開展覽，經本局多方設法努力爭取，終於在此次郵展中作榮譽展出，難得一見，因之立即轟動郵壇，愛好集郵人士莫不爭先恐後，湧進國立歷史博物館，一睹廬山眞面目。是時筆者雖已奉調擔任主任秘書，脫離集郵崗位，但對古典郵展之籌辦，曾參與其事，略盡棉薄，尤於紅印花小壹圓四方連國郵瓌寶之爭取，費了不少心力。當時該項爲我國早期大集郵家周今覺先生譽之爲「寶中之寶，王中之王，天下一品，舉世無雙！」的紅印花小壹圓四方連孤品，已擁在香港愛國集郵家林文琰先生手中，筆者經透過在港郵壇友好之聯繫與勸說，幾經函電往返，終獲林先生之首肯，將此國郵瓌寶與其夫人親自攜帶返國作榮譽公開展出。

古典郵展中展出票品八十框中，十二框是大龍郵票，十四框是小龍郵票，三十五框是慈壽郵票，十八框爲紅印花郵票，參展人除林文琰先生外，尚有陳秉炎、陳兆漢、孫會文、傅子錦、潘鑑良、邵國華、徐名標、張敏生、陳國珍、莊國泰、劉煥民等諸位先生。

對郵壇先輩故舊凋零的懷念

在我擔任集郵中心主任將近九年期間，我所欽敬的國內外郵壇前輩及集郵好友先後凋零謝世的，有不少位。他們對郵壇及本局均有卓越的貢獻，所以他們的先我們而去，不但是集郵界的損失，也是本局的損失。筆者對他們實不勝其懷念感戴之情，茲就逝世先後次序追憶若干位傑出集郵家於左。

我要追憶的第一位是我國著名郵學權威，也是郵史學家的陳志川先生，一般集郵人士均尊稱他為「志老」。我與他的認識係在六十三年下半年，中華電視台開播「郵迷俱樂部」節目時，我介紹他上該節目，作現身說法，為年輕的集郵朋友指導與說教。曾承他剪寄各報刊報導該節目的剪報資料以及在攝影棚內為我所拍的照片等等。他郵識高深，治學認眞而細心，收集資料豐富，常說集郵應「跳出方寸之外」來研究。六十六年二月九日，他的第二公子在臺北市結婚，我與晏星兄曾去道賀吃喜酒，席間見他面容紅光煥發，精神至佳。不意於半月後，即到次月一日因哮喘引發心臟病而溘逝，集郵同好，同深哀悼。

菲華郵學會理事長黃天湧先生之英年溘逝，在國內郵壇曾引起極大的震驚。他因車禍引起心臟病突發於六十六年九月卅日在馬尼拉逝世，享年僅五十三歲。他是一位熱愛祖國的華僑集郵家，曾屢次率團回國參加郵展，其愛國熱忱令人敬欽。他為郵壇巨擘，不但郵識卓越，且郵藏豐富，擁有前清四寶，民國四珍等珍品甚夥，如紅印花小壹圓僅有一個橫雙連，紅印花當伍圓倒蓋直雙連及慈壽票翡翠姐等均在其郵集中。他還有雄心欲價購國郵瓌寶「紅印花小壹圓四方連票」孤品，成為中國郵王，可惜此項壯志因他早逝而未獲實現。天湧先生原欲以其珍罕古典郵集參加百年郵展，全場最佳大獎，很可能為其囊中物，誰知於百年郵展前數月，因車禍喪生，其參展事因而賫志以沒，令人扼腕。（筆者曾撰「郵壇星沉─悼菲華郵學會黃理事長天湧先生」一文，分刊第二

三九期今日郵政及一九七七年菲華郵刊）

我要追憶的第三位郵壇前輩是李東園先生。他於集郵及集幣兩方面，都有很高的成就。筆者首次與東園先生接觸，獲識其人，係於六十七年百年郵展前，筆者因任百年郵展徵集組組長，奉命專程到鶯歌去拜訪他，敦請他將珍藏郵集作榮譽展出，承其慨允，精選：㈠重慶海關，㈡煙台海關郵務，㈢中華郵史補遺等三大部分郵品共裝十框展出，其所最為重視號稱世界孤品的「利川二分」票亦在其內。他為配合百年郵展特編印一本「中華郵史補遺」，於郵展期內推出，以誌慶賀。是書圖文並茂，頗受郵壇之推重。東園先生於民國六十八年八月六日因腦溢血而逝世，享年七十九歲。八月十三日在其鶯歌住宅舉行告別式時，筆者與晏星兄曾代表郵政總局前往祭奠。（筆者曾撰「悼郵壇前輩李東園先生」一文刊登第二六一期今日郵政）。

民國六十八年一年，國外集郵友人故世的有二位，即美國中華集郵會會員及該會會刊中國飛剪郵刊（The China Clipper）主編亞歷山大・狄基上校夫人（Col. Alexander M. Dickie），百年郵展評審委員美國芝加哥著名集郵家馬德楷博士。筆者與狄基上校夫人第一次見面係於六十五年秋天，她單獨一人來我國訪問，寓圓山大飯店，該時她已逾七十高齡，滿頭銀髮，但身體尚稱健朗，戴一副金邊眼鏡，氣質高雅慈祥，說話溫和。筆者曾與當時任供應處處長的晏星兄及集郵中心侯副主任宛烽小姐陪其去慈湖謁陵，並遊石門水庫及角板山風景區。狄基上校夫人英文造詣至深，本局英文集郵報導，時承指正。她主編中國飛剪郵刊達二十三年之久，對我國集郵業務，諸多支持協助，貢獻良多。她於六十八年九月辭去主編時，本局曾致贈銀盾一面，以資酬謝。不意她於次月，即因心臟病溘逝於其加州寓所，實深哀悼。（筆者曾撰「悼念美國集郵友人—狄基上校夫人」一文，刊於第二六四期今日郵政）。

馬德楷博士是美國著名集郵家，曾任美國總統郵票顧問委員會委員八年之久，並曾任各國國際郵展評審委員多次，郵識豐富。本局於六十七年舉辦百年郵展時，他來函毛遂自薦，願任評審委員，本局欣然回函禮聘。是年三月十七日，他偕夫人飛臨我國，隨身帶來其著名的紐芬蘭航空郵集，在百年郵展中作榮譽展出。他身體魁偉，態度祥和，不意於百年郵展後次年十一月三十日，因舌癌逝於芝加哥哥倫比亞醫院，本局曾致電其夫人悼念。（筆者撰「悼念百年郵展評審委員馬德楷博士」一文刊登第二六六期今日郵政）。

民國六十九年，對國內郵壇來說，又損失一位與黃天湧先生等量齊觀的郵壇鉅子，他就是曾任菲華郵學會理事長十一年之久，後爲該會名譽理事長的莊順成先生。莊理事長因癌症於是年十月二十六日病逝臺北市，享年亦僅五十三歲。他雄於貲財，郵藏豐富，黃天湧先生於六十六年故世後所遺價值連城的中國古典郵票郵集，全部移歸其所有，可以說成爲中國的郵王。惜天不假年，英年早逝，實爲我國郵壇莫大的損失，國內外集郵人士同深哀悼。莊先生也是一位熱愛祖國的華僑集郵家，對本局舉辦郵展及國內郵壇之支助，不遺餘力。他在集郵方面最大的成就，則爲創辦一本中英文對照的「精粹郵刊」，內容充實，甚爲國內外郵壇所推崇。該刊於一九七六年八月出刊，每季一期，共發行十三期。（筆者曾撰「悼念郵壇鉅子莊順成先生」一文刊登第二十八期菲華郵刊）。

美國洛杉磯著名集郵家芭蓓拉・威廉姆絲・迪薇奧莉妮女士曾任我國百年郵展及建國七十年郵展徵集委員，徵集了不少具有水準之郵集參加我國兩次國際性郵展，於提高郵展水準，頗具貢獻。芭蓓拉女士為一氣質高雅，文靜秀麗的中年女士。百年郵展時她曾攜帶所徵集之票品來臺參展，熱情可感。不意她於建國七十年郵展開幕前一月，即七十年九月十日因心臟病去世，其為建國七十年郵展所徵集之票品由其夫托她的至友海福朗小姐代為帶來完成其未竟之工作。（筆者曾撰「悼念美國著名女集郵家—芭蓓拉・威廉姆絲・迪薇奧莉妮女士」一文刊登於第二八八期今日郵政）。

與芭蓓拉女士逝世同一月，上天又召回一位我國傑出的企業家與一位集郵友人，他就是華隆股份有限公司董事長呂鳳章先生。呂先生為紡織業的鉅子，在紡織工業界相當聞名，他生活謹嚴，唯一嗜好厥為集郵，尤其是有關紡織業的郵票，蒐集之豐，恐無出其右者。其「紡郵話趣」郵集，曾在百年郵展時作榮譽展出。七十年初，其所著「紡郵話趣」一鉅册出版，於建國七十年郵展文獻類中，榮獲金牌獎。呂先生在生前尚有一宏願，想出一本定期郵刊。於是年上半年，曾邀約筆者、晏星兄及陳繼勳、朱守一兩位集郵家餐敘座談數次，商討出版事宜。最後決定發行一本「華光集郵月刊」，到五月中旬，創刊號稿樣都已印好，不意呂先生因腸癌復發，出國醫療，至九月初終告不起，這本郵刊也就胎死腹中。所以呂先生之死，不但是企業界之損失，也是郵壇上莫大的損失。後來他的珍貴「紡郵話趣」郵集，由呂夫人捐獻給郵政博物館，於五樓集郵之部作專櫃展出。

最後我要懷念的是一位我國旅美傑出集郵家石少東先生，他曾膺任英國倫敦皇家郵學會會士，為我國具有國際郵展評審委員資格之集郵家，由此可見他在國際郵壇上頗有地位。他對本局舉辦百年郵展及建國七十年郵展，曾給我們很多協助，貢獻良多。於前文曾有敘述，不再多說。少東先生係於七十二年十二月二日在紐約故世，當時本局曾發電致其家屬弔唁慰問。（筆者曾撰文「悼念我旅美傑出集郵家—石少東先生」刊登第三一三期今日郵政）。

其他謝世的集郵家尚有許奕經、蘇惟通、梁民生、鄒啓祥等諸位先生，我們對他們在郵壇上之成就與貢獻以及珍貴的友情，實不勝其懷念敬佩之忱，謹禱祝他們在天安息。

原載今日郵政月刊三四三期

郵票上的蔣夫人

在本年九月份某期世界週刊上拜讀：「蔣夫人—廿世紀最傑出女性」一文後，接著於九月十三日世界日報第三版上閱及一篇紐約消息報導，標題是「持用公務護照監委擬彈劾，蔣夫人知情頗覺傷感」，感觸良多。

蔣夫人對我國國家社會的貢獻，當爲國人所共識，在現代史上自有其地位，今以九十五高齡，竟受此委曲，凡稍有良心之士，諒莫不深爲不平。

筆者於退休前，曾任郵政總局集郵處處長多年，對郵票較爲瞭解，茲擬從郵票上來談一談我所崇敬的蔣夫人，或爲讀者所樂聞。我國郵票中與蔣夫人有關者計有五套，其中兩套以蔣夫人之玉照爲郵票主題，其餘三套則爲蔣夫人山水畫郵票。

玉照郵票　雍容慈祥

蔣夫人玉照郵票第一套係於民國五十年三月八日婦女節，爲紀念中華婦女反共抗俄聯合會十周年而發行，面值分新台幣捌角、壹元、貳元、及參元貳角等四種。該聯合會爲蔣夫人所領導，創立於民國三十九年四月十七日，該會聯合全國婦女，團結奮鬥，歷年來各項措施，對於鼓舞軍心士氣，嘉惠軍眷遺族，績效卓著，貢獻良多。第二套則於五十四年四月十七日發行，郵票名稱即冠爲「蔣夫人玉照郵票」，僅貳元及陸元兩種面值。上述兩套郵票上出現之蔣夫人均爲側面肖像，雍容慈祥。又第二套郵票之發行目的，亦爲紀念婦聯會成立十五周年。

山水畫郵票　雲山浩蕩

至於以蔣夫人所繪的山水畫國畫作爲郵票圖案而發行者共計三套，每套均爲四枚，四幅國畫，面值均分爲新台幣貳元、伍元、捌元及拾元等四種，茲將該三套郵票之發行日期、國畫主題等列述於下：

套別	發行日期	國畫主題
第一套	民國六十四年十月卅一日	㈠荷塘柳蔭㈡雲山耀日㈢雙松圖㈣漁耕圖
第二套	民國六十六年三月卅一日	㈠雲山聳翠㈡春光滿船㈢濯泉自潔㈣綠山平橋
第三套	民國七十六年四月十日	㈠竹溪泉韻㈡雲山浩蕩㈢崇山峻嶺㈣溪山雪霽

國畫藝術　造詣至深

蔣夫人之國畫藝術，造詣至深，在藝術家眼中評價甚高，受藝壇之推重與讚賞。識者以爲蔣夫人不但繼承我國傳統繪畫精髓，且致力於結構革新，拓展更美境界，追尋創作巔峰。蔣夫人之山水畫，之所以會出現在郵票之上，作爲郵票圖案主題，係出之於美國集郵家駱德年上校（Col. Henry W. Rodney）之從旁建議與敦促。蔣夫人於抗戰期間曾代表當時我國元首先總統　蔣公，赴美求援，在美國各地及參衆兩院發表精闢演說，駱上校即爲美國所派之侍衛長，維護蔣夫人之安全，因此獲得蔣夫人之信賴與良好之友誼，其集郵建議，也得到蔣夫人之首肯。

首套發行　洛陽紙貴

第一套蔣夫人山水畫郵票自於民國六十四年十月卅一日先總統　蔣公冥誕紀念日發行後，立即獲得國內外集郵界一致的推重與喜愛，爭相購集珍藏，各地郵局不旋踵即告售罄。國外郵刊及報章雜誌紛紛報導是項郵票之消息，美國二本著名集郵刊物，郵票週刊（Stamps Weekly）及郵商雜誌（The Stampwholesaler）並以蔣夫人山水畫郵票作爲封面，具見國際郵壇對該套郵票之重視。

印製次序　一段秘辛

蔣夫人山水畫郵票，第一套與第二套之印製與發售次序，尙有一段未爲人所知之秘辛。蓋第二套山水畫郵票印製在先，郵政總局正擬擇日發行時，先總統　蔣公突於六十四年四月四日崩殂，

8,000,000

8,000,000

2,000,000

2,000,000

2,000,000

2,000,000

蔣夫人山水畫郵票第二套中的第三枚獲選爲最美麗的郵票。

層奉指示將該套郵票暫緩發售，蔣夫人爲追思哀念　蔣公，另選「荷塘柳蔭」「雲山耀日」「雙松圖」「漁耕圖」等四幅含有懷念深意之山水畫，作爲郵票主題，郵總即交商趕印，於當年十月卅一日　蔣公逝世後首次冥誕日首先推出，而上述印製在先之山水畫郵票則延後於六十六年三月卅一日蔣夫人華誕之日始行問世。

郵票選美　衆望所歸

郵政總局曾於民國六十四年，採納集郵人士建議，舉辦「郵票選美」活動，請公衆選出當年我國發行的各種圖案不同郵票五十四枚中之最美麗郵票，並予抽籤給獎，選舉結果，該年發行之蔣夫人山水畫郵票中捌元面值一枚，衆望所歸，獲得票數最多，榮膺我國六十四年最美麗郵票，該枚郵票圖案爲雙松圖，繪青山蒼松，太陽落在兩座山腰之間，落日餘暉，夕陽西下，此景此情，不啻反映出國人對先總統　蔣公無限的追思與懷念。至該套郵票的其餘三枚，亦甚得公衆喜愛，貳元面值之荷塘柳蔭獲第二名，五元面值之雲山耀日獲第四名，拾元面值之漁耕圖獲第五名。

價格激漲　郵迷珍藏

我國有關蔣夫人之上述五套郵票，均受國內外集郵人士之青睞，爭相購藏，郵市價格激漲，其中尤以民國五十四年四月十七日發行之蔣夫人玉照郵票，漲幅最高，該套郵票計新台幣貳元及陸元兩枚，每套面值共僅八元，而國內郵商目前售價已高達新台幣二千三百元一套，在二十七年之間，價格竟上漲二百八十七倍之多，漲幅之高，似爲任何投資所不及。至有關蔣夫人其餘四套郵票，亦莫不上漲甚多倍，由此一端，即可見社會大衆對蔣夫人之如何崇敬與喜愛。

原載美國世界週刊民國八十一年七月十一日

追憶集郵前輩及「郵迷俱樂部」往事

時光易逝，筆者自郵政崗位退休，瞬逾十六寒暑，獨居鄉間無聊，時取出收藏舊照，追憶往事。茲欲敘述者，乃郵壇集郵名家陳志川先生，於民國六十三年七月廿八日下午四時至五時，在中華電視台播出「郵迷俱樂部」節目中，節目主持人牛海萍女士訪問筆者時所拍攝之照片專輯，珍藏至今，幾將卅載。

筆者於民國六十三年擔任郵政總局集郵中心主任第一年，承青年企業家白厚元先生之建議與聯繫，在中華電視台製作集郵節目，名曰「郵迷俱樂部」，於該年七月廿一日起，每週日下午三時三十分播出半小時，節目主持人爲年輕亮麗的牛海萍女士。該節目之出現，曾震驚郵壇，頗受集郵人士之歡迎與喜愛，因此收視率很高。

猶記得首次播出時，白製作人特邀請當時郵政總局王叔朋局長及供應處長潘安生在螢光幕上接受訪問。後於第二次播出前，白製作人鑒於不少郵迷很想知道郵政總局集郵中心的工作情形，以及不必排隊如何能購到集郵票品辦法等，邀筆者在節目裏報告，因此於七月廿八日第二次播出時，有幸在螢光幕上亮了一次相。上述舊照，即承名集郵家陳志川先生在攝影棚內所攝取而贈送筆者的。

提起陳志川先生，是我國著名集郵及郵史學家，郵識高深宏富，治學認眞而細心，收集資料豐富，深受郵壇敬重，一般集郵人士均尊稱他爲「志老」。他常說研究郵學，要跳出「方寸」之外，筆者請他上「郵迷俱樂部」節目，現身說法，爲年輕集郵朋友指導與說教。民國六十六年二月九日，他的第二位公子在台北市結婚，筆者與老友晏星兄曾去道賀吃喜酒，席間見他容光煥發，精神至佳，不意於半月後，因哮喘引發心臟病而溘逝，實爲郵壇重大損失。

「郵迷俱樂部」節目之出現，不但深受國內集郵人士之喜愛與好評，而美國集郵新聞俱樂部會長 Mr. Dick Hardie 訪台時表示，在電視上專爲集郵朋友開播一節目，在世界各國，尚不多見。惜該節目因贊助之廠商生意失敗，僅播至該年年底，十一月廿八日播出第二十四集時終告結束，爲時五個多月，誠屬可惜。

在「郵迷俱樂部」播出五個多月期間，國內外集郵名家曾在節目裏出現的，就筆者記憶所及，除上述陳志老外，尚有：黃建斌、王藹雲、沈嘉濟、黨恩來、鄭定邦、錢揆文，以及菲華集郵人士傅子錦、陳國珍、梁民生等。筆者爲此文時，上述集郵前輩已不幸凋零者計有：陳志川、黃建斌、黨恩來、鄭定邦、錢揆文、梁民生等，而該節目創始人年輕企業家白厚元先生也不幸於十多年前故世。碩果尚存者王藹雲、沈嘉濟、傅子錦、陳國珍等前輩，聞福躬多健朗，時與筆者函牘往來。而老友晏星兄則寓新竹交通大學園區內，享受含飴弄孫之樂，仍勤於筆耕，以「封翁」爲筆名之集郵鴻文，時散見於郵政刊物及集郵報刊上。

由陳志老所送舊照，引起上述塵封往事，嘆世事滄桑無常，不勝感慨。

原載民國九十一年十月今日郵政第五三八期

譚中華郵政第一屆高考

期能留傳後世

我中華郵政開天闢地由考試院舉辦的第一屆高考，亦即向外招考全國性甲等郵務員考試，後來改稱爲高級郵務員考試，係於民國二十四年十月間舉行，於當年十二月放榜，共錄取二十二人。此事迄今已長逾一甲子，將近七十年之久，我郵政同仁能知者，恐不多。郵政前輩何公建祥所編著「郵政大事記」一書內，經查並未紀載郵政第一屆高考情形，諒因年代久遠，郵政總局內無資料可查。

茲爲使我中華郵政第一屆高考資料能留傳後世，不致湮沒散失，筆者迺動手動腳找資料，費盡心力，曾向郵政博物館、考試院及台北市國家圖書館等查詢，亦乏資料可查。不得已，經從曾參與是屆高考並榮登金榜，現僑居美國費城，筆者老長官王公叔朋及在上海同登第一屆高考金榜趙公連璧兩位，與筆者往來信中獲得零星資料，筆者老友晏星兄（原名潘安生）所著「郵人郵話」

一書中，暨「郵政研究」季刊第六十九期中，老友幼愚兄（原名張翊）所寫「抗戰前後郵史側記」一文所述，草撰此文，雖屬雪泥鴻爪，未能窺全貌，或也可供後世郵人參考。

榮登金榜名單

中華郵政第一屆高考共錄取廿二人，其芳名如下：

王叔朋、何明善、呂汝翼、李雄、吳石城、吳萬麟、邱信亮、徐炳璋、許尚勛、張奉明（又名張鳳鳴）、張新瑤、張霽野、曾健培、馮乃騤、郭伯愈、趙連璧、慶德葦、應國慶、鄧嚴、劉學仁、鍾順光、龔永寬。

上述名單係依照姓氏筆畫排列，因實際名次無資料可查。又依照「郵人郵話」一書內所錄，是屆高考榜首為邱公信亮，他榮獲優等第一名。又依照郵政總局人事資料，王叔朋、應國慶、邱信亮、李雄、鍾順光、龔永寬、呂汝翼、徐炳璋、張奉明、趙連璧、慶德葦及劉學仁等十二人，均於民國廿四年以前入局，原為乙等郵務員，經高考錄取後擢升為甲等郵務員。郭伯愈則是美國留學的歷史學碩士，回國後參加是屆高考錄取後入局，其餘諸人則乏資料可查。

廬山軍官訓練團

郵政第一屆高考錄取人員廿二人中，奉命受過廬山軍官訓練團六個月畢業的人共計十六人，當時訓練團負責長官爲潘佑強將軍，後由康澤將軍接任，畢業學員遵照上級指示，分配在長江沿線各地工作：

重慶局：張新瑤（已故）、吳萬麟、張奉明（已故）。

漢口局：王叔朋、許尚勛（已故）、何明善（已故）。

安慶局：張霽野、應國慶（已故）、鄧嚴（已故）。

上海局：馮乃騤、劉學仁、吳石城、趙連璧四人已故。

南京局：曾健培（已故）、呂汝翼（已故）、慶德葦（已故）。

來台服務之前輩

榮登中華郵政第一屆高考金榜之郵政前輩，於台灣光復後來台服務者，僅有王叔朋、應國慶、邱信亮及張新瑤等四位。他們在台灣的情形及對郵政事業之貢獻，當爲老一輩郵人所熟知，茲就筆者與他們親身體會所得，分別再作說明如下：

王叔朋：

民前三年出生，江蘇無錫人，民國十八年入局，畢業於上海滬江大學及美國喬治頓大學。於民國五十八年八月一日在台灣繼任何公縱炎，爲中華民國成立以來第二十八任郵政總局局長，至民國六十四年三月一日屆齡申請依例退休，交通部薦報繼任人選至行政院時，竟意外地蒙當時蔣院長經國先生召見王局長，見王局長身體健朗，例外地予以延長任期二年。因於前一年（即民國六十三年）六月十六日至十八日，郵政總局爲配合慶祝陸軍軍官學校建校五十週年，在鳳山舉辦金禧紀念郵展，於郵展開幕日，蔣院長由何應欽將軍、參謀總長及三軍總司令陪同參觀郵展，由王局長陪同說明，對王局長有深刻印象。

王局長於民國六十六年三月一日榮休，將局務交由副總局長施有強接任，不久王局長即僑居美國費城，目前已嵩壽九十六，福躬健朗，不時賜書與筆者。

應國慶：

民前五年出生，浙江慈谿人，民國十五年入局，畢業於上海正風文學院中國文學系，不但對國學有高深的修養，且精通英日兩國語文，於郵政公文及文書處理亦有深刻研究。在抗戰勝利前夕，曾任第十二軍郵總視察，在湖北省恩施黌廟辦公，筆者長官吳公浴生及老友封翁兄是時均在應公麾下。台灣光復後，應公於民國卅五年五月奉調來台，任台灣郵電管理局業務科科長，筆者即在其屬下工作。應公爲人慈祥和藹，對部屬從不疾言厲色，在其屬下工作，如沐春風。應公後曾任台灣郵政管理局郵務副局長及郵政總局首席副局長，於民國六十一年九月一日屆齡榮休，旋即僑居美國紐約，仍好學不倦，猶在紐約亨特大學（Hunter College）進修，於一九八八年畢業，獲得學位，時年八十一歲，紐約時報於該年三月廿六日作專文報導此事，並刊出應公身著學士服之大幅玉照。應公在美曾經常爲郵政退休人員協進會「會訊」撰文，雋永風諧，至獲同仁欣賞與喜愛。應公於民國八十四年十二月十三日因直腸癌仙逝，享年八十九歲。

邱信亮：

民前三年生，福建長樂人，字仁嵐，民國二十年入局。二十四年應第一屆高考，榮獲優等第一名榜首。高考時以外文選的是法文，可見其法文是相當了得。台灣光復初期，即奉調來台，在台灣郵電管理局郵方副局長林步瀛之下任秘書，民國三十八年郵電分家，調任設計考核委員會任秘書，民國四十年冬調任總局聯郵處副處長，民國五十三年曾以副代表身分出席萬國郵盟大會。六年後榮升視察長。邱公為人耿直敢言，嫉惡如仇。他對郵政尚有兩大貢獻，殊值一提。其一是，主持郵盟月刊（Union Postal）的中譯工作。郵盟月刊為國際郵政公署所發行，共用法、中、英、西、德、俄、義七種文字刊行，惟以法文為主，其他文字則由法文迻譯而來，中文部分係由公署就地覓華人翻譯，譯文欠佳，常令人無法卒讀，且以手寫影印刊出，字跡潦草，頗影響我郵聲譽，總局乃向公署洽得同意，將法文原稿寄我郵譯為中文，並以楷書排印後寄回公署刊出，擔任迻譯工作同仁有潘安生、張翊、莊祈讚、林志夏、趙長明、胡全木等。其二是交通名詞辭典、郵政類的編撰，亦由邱公主持，民國五十一年開始，為時五年，執筆者有：葉茂、莊祈讚、胡全木、周孫駒、林希宋、鍾拱章、邢文燕、林志夏、張寶貴、李炬蒼、孫志煜、鄭葆福、張翊、張清源、林宜炎、黃炯、李心白、潘安生等十八人。邱公於民國六十二年自請提前退休，當時尚未滿六十三歲，於民國七十四年仙逝，享年七十五歲，依其遺言不發訃聞，不收奠儀，當時應公國慶在美來電囑筆者代送奠儀新台幣壹萬元，亦遭婉拒。

張新瑤：

廣東東山人，畢業於國立武漢大學，民國廿四年參加郵政第一屆高考及格入局爲甲等郵務員，抗戰軍興，調辦軍郵，派任軍郵視察，在第七軍郵總視察段第四分段工作，駐廣東普寧，張公於抗戰勝利復員後，奉調來台，任台灣郵電管理局視察室主任，民國三十八年初奉調廣東郵區汕頭一等甲級局總監察員。我友封翁兄所著「沙魚涌郵史研究」一書第十七頁內述：五、張新瑤探組出處郵路，沙魚涌小村一夜成名。三十八年十月初奉命探組出海郵路時，經半個月的奔波調查，隨時將所見及建議以電報請示獲准後，即於十月九日在沙魚涌地方成立郵件轉運局，亦即爲日後的國際郵件互換局。

趙連璧：

民國三年（一九一四年）五月十七日出生，上海市人，爲郵政第一屆高考錄取二十二人中年歲最輕者。王公叔朋給筆者信中說：「趙年輕時就非常活躍，他第一次來美探視女兒，我曾邀他來費城舍下小住三日，長談往事，至爲歡暢，他曾告訴我他有心臟病。」

後趙公於二〇〇一年九月十日即因心臟病突發於上海故世，享年八十八歲。前幾年，趙公與筆者及封翁兄時常通信，他運筆如飛，有一瀉千里氣勢，來信常有七、八頁，最多曾有十多頁，他於信中曾說王公叔朋爲人誠懇、態度謙和、待人厚道，是個正人君子，十分容易相處。又曾述及美國租借法案，郵政總局舉辦去美留學考試，只准重慶、成都兩地的人員報考，王叔朋在重慶考上，他在成都考上，但他因肺部有陽性反應而未能去成，當時依美國規定，凡有沙眼、TB、灰指甲的均不准入美。又趙公對俄文也曾加進修苦讀，因而俄語也能琅琅上口。

目前尚存世者三人

郵政第一屆高考及格二十二人，目前尚存世者，依據王公叔朋於民國九十年（二〇〇一年）十月卅一日給筆者信內說，還存三人，即龔永寬前輩在上海、吳萬麟前輩在長沙及費城他自己。叔老於信中又說吳萬麟兄在長沙入局數年，一切尚順利，在湖南郵區派任常德一等乙級局局長，他在學生時代參加過學校組織之反共幹部營，不知是何原因，在常德局長任內，被捉去坐牢，一坐三十五年，無處伸冤，到罪清出獄已是七十餘歲人，家貧，又找不到工作，只好去做印刷工人多年，後來大陸鄧小平當政，可以伸請冤屈，他被判定發回郵局，可是早已過退休年齡，決定作爲在郵政退休，每月可領一些退休金生活，回家後夫人又故世，他有一子一女還有孫輩，現住長沙，生活尚安定，不時我們還通信談談，人生遭遇常常令人嘆息，又是無可奈何，吳兄遭遇最苦，他是東北大學畢業，在西安入局。

原載「郵人天地」第四一〇期

由民國十六年郵政題名錄追憶來台郵政前輩

郵務長如鳳毛麟角

近承老友封翁兄（本名潘安生，封翁爲他老年所用之筆名），賜寄中華民國十六年十二月三十一日郵政總局所屬上海供應股印行「交通部所管題名錄」印影本一份，至感珍貴。由題名錄所列，國民政府交通部部長王伯群、次長李仲公、郵政司司長劉書蕃、郵政總局局長劉書蕃、署郵務長黃乃樞、管錦秋等兩位、三等一級郵務官余翔麟一位、上海郵務區郵務長希樂思一位、管理郵區會計署副郵務長賀美一位、經管內地管理處及本埠副郵務長湛思一位、郵務官理克德、怡賽福、亥蘭、綱島信一、邦戴爾、福家豐、岡田時一、司文森、謝宗敏、曾玉墀、王偉生、鄧永于、朱慰如、曾玉明、吳燾、陶拱辰、羅子藩等十七位。安徽郵務區郵務長劉書蕃一位、經管內地管理處副郵務長安瀾農一位、郵務官錢芝祥、劉克讓、趙承烈等三位。浙江郵務區署郵務長葛澐一位，經管內地管理處署副郵務長曹鑑庭一位，管理寧波一等郵局署副郵務長王文權一位、副郵務長黃乃樞一位，郵務官嚴祖康、林步瀛、唐公達等三名。

所列郵務員計郵政總局八十五人、上海郵務區六十六人、安徽郵務區二十五人、浙江郵務區二十五人。

由上可知，當時郵務長及副郵務長人數共僅十四位，宛如鳳毛麟角。郵務員亦共僅二百零一人，人數不多。

來台灣及在龍泉服務之郵政前輩

題名錄中所載郵政前輩，於台灣光復後來台服務者計郵政總局郵務員蕭靜軒、王端禮等兩位，上海郵務區盧太育、洪蓀祥、傅德衛、徐公荷、薛聘文、周博淵、劉承漢等七位，浙江郵務區郵務官林步瀛、郵務員姚天造等兩位，共計十一位。

筆者係於民國三十二年在浙江龍泉蓋竹浙江郵政管理局辦事處入局，因之上述題名錄中有上海郵務區郵務員胡政道、范仰墀、金順寶等三位，及安徽郵務區郵務員童旭及浙江郵務區朱家圻等兩位，均曾在浙江龍泉蓋竹服務。

前輩郵人之事蹟與風采

上述前輩郵人，無論在台灣及在浙江龍泉，均曾是筆者之長官，親身領受教益，玆將我的禿筆，就他們的事蹟及風采盛德作一簡單敘述，俾能留芳郵史，名垂千古，如有闕漏，尚祈鑒諒。

茲就來台之郵政前輩，依照題名錄列名先後次序談起—

林步瀛：祖籍福建寧建，字鶴皋，或因其頸部較修長似鶴而取字，為人厚實恕和，於民國三十四年十月間由福建調來台接收郵政。筆者於三十五年五月來台時，林前輩任台灣郵電管理局郵方副局長，局長是電方陳壽年先生，電方副局長是楊敏久先生，台灣郵電事業於民國三十八年實施分辦，分別成立台灣郵政管理局及台灣電信管理局，台灣郵電事業所屬產業至為龐大，於分割時，郵方吃了不少虧，郵政總局似怪罪於他，因而自請退休，由傅德衛前輩接任台灣郵政管理局首任局長。

蕭靜軒：江西南城人，蕭前輩為前郵政儲金匯業局副局長鮑公伯玉之岳丈，與筆者同榜考上高級郵務員蕭家韞女士之父親，聞其中英文俱佳，來台前曾任郵政總局總務處副處長及視察，東北某郵區管理局局長，來台不久即榮退，曾在青潭郵政疏散辦公處甲種宿舍居住，筆者惜無緣與其接觸。

王端禮：江蘇江都人，來台後曾任台南、基隆及台北郵局局長，當時同仁們都尊稱他「端公」。其嬌女王亞雲小姐下嫁前郵政總局集郵處副處長錢德蔭兄。端公每於飲酒酣醉時即口出英語，其英文修養，一如其他郵政前輩，是「刮刮叫」的。

盧太育：浙江寧波人，字杏城，盧公學識才華，黽勉忠誠，有為有守。於民國三十八年來台爲加派郵務長，該時有不少人對是項資位名稱覺得十分新鮮，盧前輩在台灣郵政管理局局長傅公德衛氏手下任郵務幫辦，財務幫辦是西康西昌人鄭公廷傑。盧前輩中英文俱佳，其一手毛筆字及英文字都寫得很工整秀麗。筆者夫婦曾有幸陪同盧前輩伉儷旅遊日月潭，欣賞湖光山色。又盧前輩每次因公出差巡視，常要筆者及老友封翁兄隨行。深記得有一次出差至本省南部東港，欲順便乘船去小琉球一遊，已購票上船，後因超載仍未停止售票，盧前輩基於安全，毅然率同筆者及封翁兄下船，放棄旅遊，此一往事，宛如目睫。又盧公養生之道爲打太極拳，王前總局長述調及筆者均是其門生。

洪蓀祥：上海人，洪前輩爲劉公承漢所率領之西南視導團成員之一，隨視導團於民國三十八年來台，曾任郵政總局總務處處長，及公共關係室主任兼今日郵政社社長（民國四十九年十一月五日至五十二年八月三十一日），他講的是一口純正上海話，記得有一次在青潭疏散辦公處中正堂舉行動員月會中，敦請洪前輩作專題演講，當時報載蘇聯執政者有三人，因而有「三頭馬車」之說，他即以上海人講究「三頭」來比擬，就是「擺派頭、拔苗頭、耍噱頭」並加詳細說明，引起滿堂掌聲，傳爲佳話。

傅德衛：湖北江陵人，傅前輩爲人至爲幹練，善言辭，上台講話，每滔滔不絕，並要同仁嚴守紀律規章，他在大陸曾任軍郵總視察、新疆疏附郵局、漢口郵局、蕪湖郵局等局局長、河南、湖南、江蘇等郵區管理局局長，他並爲上海工運領袖之一。大陸逆轉後，他於民國三十八年來台，適逢台灣郵電事業實施分辦，於該年四月一日分別成立台灣郵政管理局及台灣電信管理局，傅前輩榮任首屆台灣郵政管理局局長，於民國四十四年四月七日將管理局局長職務交給許季珂前輩接替。後曾任交通部總務司司長、郵政儲金匯業局在台復業後之副局長，並兼任郵政總局視察長，至民國五十一年九月一日屆齡榮退，著有「服務郵政四十年」專書一本。

徐公荷：江蘇嘉定人，號晚蘋。郵政總局於民國三十五年年初電令上海、江蘇、浙江等三郵區徵調人員赴台灣接收台灣光復後之郵政，接受應徵人員共約七十餘人，齊集上海乘國營招商局八千噸貨輪海宿號，於該年五月十三日抵達台灣基隆港，筆者與老友封翁兄均爲接收人員之一，上述三郵區來台接收之總領隊即爲上海郵區徐公荷前輩，他先乘飛機來台奉派接收台灣郵電管理局台北郵局，接任局長。徐前輩國畫造詣頗高，聞其夫人的國畫更稱譽滬上。又徐前輩的文筆也不錯，在報刊上闢有專欄，其中有一個專欄，名叫「晚蘋雜碎」，雋永可讀。徐前輩後與財務幫辦林維欽氏交惡，被逼辭去台北郵局局長，從此即鬱鬱不得志，屆齡退休後僑居美國。

劉承漢：江蘇東台人，字澄翰。劉前輩爲郵政大老之一，他於大陸情勢逆轉危急之時，率領西南視導團經廣州、香港於民國三十八年到達台灣，視導團成員如下：團長：劉承漢，人事室主任，團員：㈠洪蓀祥，副視察；㈡梁維康，會計處；㈢何建祥，業務處副處長；㈣曾慶祿，人事室副主任；㈤翁學洪，會計處副處長；㈥施有強，秘書室秘書；㈦楊光鑑，人事室第一課課長；㈧蔡尙華，聯郵處審核課課長；㈨沈尙德，業務處運輸課課長；㈩王述調，人事室第二課課員；

㈩陳潤東，會計處課員。劉前輩爲郵政法學泰斗，其所著「郵政法總論」一書，由商務印書館出版，爲往昔考甲等郵務員（即今之高級郵務員）必須閱讀者，其後續著有「郵政法釋義」、「郵政法原理」等書。來台後曾一度以郵政總局副局長被歷任交通部部長倚重，先後兼任主任秘書及參事。又續有交通各法之著作，如「交通行政法原理」、「民國航空法論」等，可謂著作等身。其「從郵談往」一書更膾炙人口。郵政博物館爲他所創辦，尊稱「郵政博物館之父」，館內有他的半身塑像，永久垂念。

薛聘文：江蘇崇明人，號鑑衡。是一位與澄老等量齊觀之郵政大老。薛公來台後在郵政總局副局長任內屆齡榮退。他當年在南京是郵務革新及推行新政主要人物之一，在抗戰時期又曾規畫郵政汽車班運郵，卓著成效。薛公在郵史及郵戳方面有精湛之研究，頗受國內外郵壇之推崇，我在台灣舉辦規模最大國際性郵展，建國七十年郵展，被邀請擔任評審委員會副主席，郵展後又策畫主持編印「郵展選粹」及「紅印花郵票」上下册等鉅著，爲郵壇所重視。又他對郵政統計亦至擅長著有專書。

周博淵：江蘇江寧人，號夢公。周前輩畢業於日本早稻田大學，精通日文，爲人誠厚。台灣光復後曾先後任台中及台北郵局局長，他調任台北郵局局長不久，遇到「二二八」事變，幸因他精通日語，在事變中爲維護同仁安全，解除危險盡了不少心力。後又曾任台灣郵政管理局考工室主任，屆齡榮退後，曾在青潭疏散辦公處甲種宿舍居住。

姚天造：姚前輩是浙江郵區應郵政總局於民國三十五年電令徵調來台人員，接收台灣光復後之郵政的領隊，他年高德勳，爲人亦頗誠實厚道，帶領浙江郵區十一位年輕未婚小伙子：汪承運、胡全木、毛奎吉、陳維星、阮齊國、姚林章、劉紹忠、佘學錦、潘月波及唯一女性林福珍小姐，於該年五月十三日到台後，姚前輩與汪承運、佘學錦、潘月波等奉派到淡水接收郵電局，其後姚前輩又被調長高雄一等郵局局長，即於該地屆齡榮退告老。

在龍泉服務之前輩郵人

筆者於民國三十二年在浙江龍泉蓋竹浙江郵政管理局辦事處考試入局，於上述民國十六年「交通部所管題名錄」內列名的郵政前輩中曾在龍泉蓋竹服務者，計有金順寶、范仰墀、童旭、朱家圻及胡政道等五位，玆略予敘述，作爲本文之結尾。筆者在龍泉蓋竹入局時，金順寶前輩是財務幫辦，爲筆者直屬長官，抗戰勝利後調任郵政儲金匯業局杭州分局經理。至范仰墀前輩任會計股審核組組長，童旭前輩任總務股股長，朱家圻前輩任運輸股股長，而胡政道前輩，筆者入局時他已調往昆明，未曾見面。筆者與上述范仰墀、童旭、朱家圻等前輩均接觸受教不多，因此恕難多述。

原載「郵人天地」第四〇八期

譚郵政前輩徐繼莊與余翔麟

貴胄子弟，少年得志

於抗戰時期，徐繼莊與余翔麟兩位郵政前輩在郵政界裏，都是不可一世響叮噹的人物，權傾一時，炙手可熱，可說是誰人不曉，無人不知。

徐繼莊，字子青，浙江省杭州人，為達官富賈子弟。他父親徐青甫，曾是先總統　蔣公（抗戰時期稱蔣委員長）幼年時的老師，有師生情誼，深蒙　蔣公眷顧，安插其子徐繼莊，從軍中軍需官開始，以後即在銀行界發跡，三十多歲，已嶄露頭角，就榮任中國農民銀行行長，農行發行的鈔票上都有其大名簽署，可謂青年才俊，意氣風發，少年得志。後因在中國農民銀行行長任內，濫發鈔票，聞被當時財政部部長孔祥熙氏叫去加以訓斥，徐自覺失了面子，向父親哭訴，徐父親去見蔣委員長，說是孔不看僧面，也得看佛面，這樣太不給面子，蔣為息事寧人，遂改派徐繼莊去郵政總局任副局長，兼任郵政儲金匯業局局長，這是民國卅一年七月十日的事。因此徐氏進入郵政，未經考試，是空降部隊。徐氏後來覺得郵政總局副局長兼任郵匯局局長，做事很掣肘，不太順手，就設法修正郵政總局組織法，由郵政總局局長兼任郵匯局局長。到民國卅一年十二月廿一日，郵政總局局長郭心崧辭職照准，派充交通部參事，所遺郵政總局局長缺額，由徐繼莊升任，仍兼任郵匯局局長，當時總局兩位副局長是余翔麟和吳任滄。

科班出身，同少將銜

余翔麟為福建省福州市人，於民國元年四月即經考試進入郵局，可說是郵政科班出身。民國十七年四月，他已在郵政總局為副郵務長，民國二十七年八月卅日，升任總局總務處處長，在當時總務處處長為首席處長，至關重要。到民國卅年七月十八日，郵政總局副局長徐昌成辭職遺缺，由余翔麟升任。由此可見，其升遷相當快速，具見其能力至強。在總局多年，已厚植勢力，可說根深蒂固，而且還兼任軍事委員會後方勤務部軍郵督察處處長，同少將銜。

一山兩虎，衝突難免

徐繼莊氏調到郵政總局升任局長時，余翔麟已為副局長，俗云一山不容兩虎，其間衝突也在所難免。余翔麟副局長因兼任軍事委員會後方勤務部軍郵督察處少將銜處長，不屬於郵政範圍之內，認你徐繼莊莫可奈我何，所以可以預料，徐氏之所作所為，余氏或頻加反對。徐繼莊也知道余氏在總局有深厚勢力，不大好惹，起初對余還是很買帳的，聞說徐曾將美金儲蓄劵法幣對美金的比價即將調整，事先透露給余，使余獲得一點好處。但余似不領情，仍處處作對。徐氏就利用他的政治背景，一下就把余的少將軍郵督察處處長免了職，在總局內就由徐隨意支配余了。後來連余的總局副局長職位也不保，被派充爲西北郵政督察專員，這個虛位，調去蘭州苦地方辦公。

遠戍蘭州，提前告退

當時四川郵區管理局局長鄭義琛爲余翔麟在奧地利留學學習儲金的同學，郵務幫辦史詒堂是郵社社長，郵政職工會頭頭，爲余氏親信。財務幫辦蔣保和是郵社社員，都是屬於余的福建幫，自然設宴熱烈送行。余氏先去蘭州，其妻則拖老攜小，聞由重慶郵局撥派兩輛運郵卡車經成都到蘭州去與夫同住。余氏去蘭州後，徐繼莊還不放過他，碰巧新疆郵政管理局局長出缺，又派余氏去當局長，余氏害怕那邊情況複雜，安全可虞，於是提前申請退休，從此消失於郵政舞台上了。大約在大陸解放前，余氏曾加入了中國國民黨革命委員會，俗稱「民革」，是國民黨的左派，因此大陸變色後，他幸得太平無事。

四行兩局，相當風光

徐繼莊在重慶時代，身兼郵政總局及郵政儲金匯業局兩局局長，當時全國金融中心，在陪都有所謂「四行兩局」，掌控全國金融，支援抗戰資金，貢獻良多，地位重要。「四行」即「中、中、交、農，就是中央銀行，中國銀行、交通銀行與中國農民銀行」，「兩局」爲「中央信託局與郵政儲金匯業局」，這四行兩局合組成「四聯總處」，徐氏廁身其間，也相當風光。

彈劾貪污，潛避香港

徐繼莊氏後來因其兩子攜同保鏢，在上海火車站，據聞爲了與孫科之子，在火車上搶坐位而打了起來，孫科之子吃了虧，於是引起孫科彈劾徐氏在任內貪污，徐氏於民國三十六年二月被迫辭去郵政總局及郵政儲金匯業局兩局局長職位，潛至香港蟄居，孫科要求港府引渡，聞徐氏化了一些金錢才得倖免，後乃沒沒無聞了。

結語

上述於抗戰時期，兩位在中華郵政界顯赫一時響叮噹人物已因年代久遠，而告淹沒，所知者或已不多。際此中華郵政百年老店，於二年前已改爲中華郵政股份有限公司，步入歷史，特草撰此文，雖屬稗官野史，或可供後代郵人參考。又上文所敘對兩位前輩如有不敬或不實之處，尚祈諒恕。

原載九十三年八月郵人天地第四一四期

赫德日記─彼岸於二〇〇三年一月出版的專書

遜清的珍貴史料

英國赫德爵士，在郵政圈子裏，幾乎是無人不知，誰人不曉的人物，因爲中華現代郵政是他建議而創立的。大陸中國海關出版社二〇〇三年一月出版一本「步入中國清廷仕途─赫德日記（一八五四至一八六三）ROBERT HARTU DIARY（一八三五至一九一一）」，由美國凱瑟琳・F・布魯納、費正清、理查德・J、司馬富等所編，中國傅曾仁、劉壯宇、潘昌運、王聯祖等所譯，全書共五五四頁，可謂巨著。是項日記，於研究中華郵政史及遜清海關上，似相當珍貴，至具史料及參考價值。

日記的目錄與章節

全書目除譯序、致謝、編者按、序言、內容提要等外，共分九章：一、赫德的家世，二、日記―香港和上海（一八五四年八月二十七日至十月十九日），三、寧波―赫德初次置身中國，四、日記―寧波（一八五四年十月二十日至一八五五年七月二十九日），五、從寧波到廣州，六、日記：廣州（一八五八年三月二十日至十二月六日），七、赫德與十九世紀六十年代的中英新秩序，八、日記―北京和上海（一八六三年五月九日至十一月二十九日），九、結語：赫德仕途生涯的影響。

赫德的家世

赫德字鷺賓，英國人，生長於北愛爾蘭，一八三五年二月二十日出生於阿爾瑪郡的波塔當，這是一個繁華的小市鎮，人口約兩千人。赫德的祖父及父親均經營酒類生意，也販賣食品。他的母親安妮・愛德加，爲同郡的農家女。赫德父親皈依美以美教，爲傳教士。赫德十歲時被送往英格蘭美以美教派學校，就讀一年，後又被送往都柏林美以美教派學校。十五歲時，他通過了貝爾法斯特女王學院入學考試，一八五二年以優異成績畢業，獲得第二名文學獎學金。他於十九歲時，一八五四年四月十三日被委任爲派駐中國香港編外譯員，在委任之前，他曾有機會學習中文。該次派遣共計五名，其中就有李國泰，年長赫德三歲，李國泰後來在中國榮就第一任大清海關總稅務司。赫德等五人於該年七月二十五日到達香港，他的日記即從該日（星期日）開始的。

赫德日記爲期十年

本書所收錄的日記，是赫德自公元一八五四年，清咸豐四年，踏上中國土地，到一八六三年被任命爲大清海關第二任總稅務司，這十年間所記的全部日記。赫德係於一八五四年隻身來到中國，年僅十九歲，初任英國香港領事館隨習譯員，由於他的聰明機智，來華十年，即獲得滿清政府信任，於一八六三年二月十五日繼李國泰爲大清帝國第二任總稅務司，且在位長達四十五年之久。

赫德於一九〇八年（光緒三十四年）九月十四日（星期四）下午乘愛渥那號船離開中國，於一九一一年故世，享年七十六歲。

赫德與恭親王特達之知

赫德於一八六一年六月五日到達北京，八天後首次見到恭親王奕訢，當時恭親王年二十八歲，赫德二十六歲。恭親王是咸豐皇帝的弟弟，主持總理衙門。他發現赫德熟悉各項條約和各口岸情況，又精通漢語，謹愼而聰明，於一八六三年六月三十日任命赫德爲署理總稅務司。赫德於該年八月二十一日離北京，九月八日到上海就任「上海稅務司兼管長江各口岸及寧波關務」。赫德於一八六三年七月九日，日記內記述清廷給他加倍支薪，每月八百兩，他到中國還不到九年，年薪即在三千三百英鎊以上。

赫德與清廷大臣

赫德在日記中提到的清廷大臣，除恭親王外，尚有軍機大臣文祥，赫德說他善良聰明與廉潔。還有寶鋆、崇綸、恒祺、董恂等。赫德與他們都維持良好的關係。赫德日記中還敘述咸豐帝爲逃避英法聯軍，於一八六〇年逃到熱河避暑山莊，一八六一年八月二十二日病故，獨子載淳繼位，世稱同治，生母葉赫拉氏慈禧，與咸豐帝正室鈕祜祿氏慈安皇后及咸豐弟弟奕訢聯合清除顧命大臣肅順等，慈安及慈禧兩太后垂簾聽政，升奕訢爲恭親王，主管總理衙門。

日記提及太平軍

赫德日記中還提到一八六〇年五月，太平軍在忠王李秀成指揮之下，在南京城外摧毀江南大營。清廷於八月任命曾國藩爲兩江總督和欽差大臣，圍剿太平軍，曾國藩得力於當時署理江蘇巡撫李鴻章。赫德於一八六三年七月七日日記中還曾提太平軍翼王石達開被駱秉章所俘，並砍了頭的事宜。

赫德的感情生涯與婚姻

赫德於一八五四年四月來到中國，年僅十九歲，首先到香港，十月到寧波。他認爲寧波是寧靜波浪之城，十分美好而喜愛。赫德在寧波，正是青壯時期，異鄉作客，難耐寂寞，曾與中國婦女阿姚同居，阿姚爲良家婦女，出身低微，曾爲他生了三個孩子，赫德在阿姚懷孕期間，又曾與另外婦女發生關係。赫德後來爲了結婚成家，決定返回家鄉，並結束與阿姚的關係，以及他們三個孩子，他把這三個未婚生子女作爲養子女。爲不讓人知，因此他銷毀在寧波居住，自一八五八年十二月六日至一八六三年六月六日，整整兩年半的日記。

赫德於一八六三年年初，向恭親王奕訢請假回英國，於五月回自己老家，五月三十一日即去拉瓦那特拜訪布萊頓醫生夫人，布萊頓醫生此時已亡故，他於生前曾親手爲赫德接生。赫德向布萊頓醫生夫人的漂亮女兒海絲特・簡・布萊頓求婚，獲得同意於八月二十二日在都柏林結婚，九月十三日帶新婚妻子乘船回中國北京，這時赫德年三十一歲，新娘十九歲，赫德夫人爲他生了三個子女。

赫德創立中華現代郵政

赫德於光緒二十一年說服總理衙門，親自擬具開辦新式郵政的章程二十四條，於光緒二十二年二月初七日（陽曆爲三月二十日）奉光緒皇帝批准，國家郵政正式開辦，後來即以這一天，陽曆三月二十日爲郵政紀念日。海關試辦郵政，赫德自行兼任總郵政司，等於郵政總局局長。赫德曾爲中國創立中外合一的文官制度，一八六四年十月十八日被推薦受領按察使銜，在九品文官中是正三品，可戴淡藍色珊瑚頂子。又他在總稅務司署曾發通令，要求署內外籍官員一律學習中文，他認爲中文十分重要。中華郵政爲表彰赫德爵士對中華郵政事業之貢獻與勞績，曾於民國七十四年二月十五日發行赫德誕生一百五十年紀念郵票一枚，面額新台幣貳元。

原載民國九十三年一月「今日郵政」五五三期

加強兩岸集郵活動

壹、集郵爲人類高尚的癖好

集郵是人類高尚癖好之一，全球愛好集郵者爲數甚夥，散布在社會各階層，上自國家元首，下至販夫走卒，多有收集及鑽研郵票者。集郵已成爲世人重要休閒活動，有怡情、益智、儲財、會友等功能。有人說，一個孩童，如喜愛集郵，即不會變成壞孩子，或成爲太保太妹，同時推展集郵，不但可端正社會良好風氣，並可增益國家外匯收入，增裕國庫，因而各國政府莫不倡導鼓勵民間集郵。

貳、郵票爲一個國家的寫照

郵票雖爲納付郵件資費之憑證，但因郵票上的主題和圖案，包羅萬象，從其主題和圖案，可以反映出一個國家的歷史文化、民族精神、地理環境、風土物產、以及各方面的進步情形。一個國家發生的重大事件，偉人勳績，及慶典活動，多發行紀念或特種郵票，作爲國民教育及報導宣傳之用。可以說郵票是一個國家的寫照，也是一個國家各種重要活動的眞實記載，因之有人稱郵票爲一個國家的面貌，一個國家的名片。

參、郵票是國家重要文化使節

一國的歷史文化，每可藉郵票來宣揚，已往兩岸故宮博物院內所珍藏的歷代稀世藝術珍品，作爲郵票的圖案，發行郵票後隨成千上萬的信件，流傳到世界各地，一方面讓各國來了解我國五千年悠久的歷史文化，另方面我國藝術國寶，亦因郵票之流傳，而聞名全球，相得益彰，同時間接可促進觀光旅遊事業之發展。兩岸郵政已往所發行之古畫、古物、音樂、戲劇、民間故事、生肖等郵票，莫不爲國外集郵人士所欣賞愛好，競相購存，對宣揚我中華文化，卓具貢獻。郵票流傳範圍，較之鈔票錢幣以及任何東西更爲廣泛，它可不受國家地域的限制，黏貼在信件上，能到達世界上任何角落，它能穿越高山，遠渡重洋，天涯海角，窮鄉僻壤，都會有它的蹤跡，所以郵票，實爲一國最有效的文化使節，它能透入一國外交所不能到達的地方。

肆、在集郵崗位上服務三千天

筆者係於一九四五年在浙江省龍泉縣考進郵政，翌年即奉派赴台灣接收光復後之郵政，至一九八七年春屆齡退休，終身服務郵政事業，先後達四十二年，在漫長四十二年歲月中，雖歷經各種職位，莫不奉公守法，忠勤工作，爲郵政盡瘁。其中以在集郵崗位上服務，擔任郵政總局集郵處處長共八年三個月零五天爲最長，計算日子，達三千多天，可說是筆者一生中最值得回味及追憶懷念的歲月，其間結交了不少國內外集郵朋友，這些朋友，經多年來的接觸、交往與體認，實在都有良好的職業，高尚的品格，美滿的家庭，愛整潔有耐心毅力的正人君子，身受薰陶而穫益良多。

伍、加強兩岸集郵活動芻議

筆者此次寵蒙邀請，參與盛會，深感榮幸與快慰。謹在促進兩岸集郵活動上提出淺見數端於下，敬請指正。又是項意見純係個人芻蕘陋見，並未能代表任何方面，如能透過相關管道而獲許可實施則幸甚。

一、一九九六年爲我國郵政創辦百週年，聞海峽兩岸均已獲得國際集郵聯合會（ＦＩＰ）之贊助，將於該年先後在兩岸舉辦國際性郵展，以資慶祝。希望能於郵展期間同時舉辦集郵座談，研討我國郵史郵識，由兩岸集郵團體及集郵人士共同參加，兩岸集郵官員列席指導，以資配合慶祝。

二、兩岸郵政博物館藏品能相互交換展出，並能互派員交流訪問，一如兩岸故宮博物院往例。

三、兩岸已往發行之無政治性的郵票，如我中華古物、古畫郵票，表現兩岸錦繡河山之風景郵票，兩岸特殊花卉及稀有及頻臨絕種之動物郵票等，能在兩岸舉辦之郵展上展出，以供共同欣賞。

四、舉辦兩岸年青集郵講習會或研習會，聘請兩岸集郵專家擔任講座，以培養集郵種子，並至兩岸參觀訪問。

末了，茲有下列數點，敬請有關單位，能予提示資料與說明，以資研究參考：

一、中國郵票公司對局方發行之郵票，定期調整售價之理論與實際情形。

二、在台灣有集郵戶長期預約訂購集郵票品的辦法，對集郵人士可說相當便利，但於局方較耗人力物力，未悉在　貴方之訂購作業與辦法如何。

三、新郵發行數量的估計與確定，爲一大學問，集郵人士與局方對此有無共商管道，俾可互利。

原載民國八十五年五月「片封簡彙訊」第九一期

大陸東北八日遊

承同船來台，紹中及東吳大學兩度同窗，五十多年老友，今日郵政社前社長阮齊國兄之邀約，筆者追隨其夫婦參加旅行團，去大陸東北作八日之旅遊。

全團共十六人，內尚有我郵政退休同仁朱喬松兄伉儷。又此旅所住旅館，爲兩人一間，筆者年邁孤單無伴，承領隊林彩滿小姐之安排，與孟九椿先生同房，孟先生爲台灣省航空工程技師公會理事長，與朱喬松兄爲同鄉，筆者於旅途中諸蒙孟先生之照顧，無任感銘。

旅行團於八月十七日上午八時半，在桃園國際機場乘華航班機經香港，轉搭港龍民航機逕飛大連，於當日下午四時半抵達，即展開爲時八天的東北之旅。

大連是我們此旅的第一站，於公元一八九九年建市，歷史悠久，目前人口約有二百六十萬，市容極爲整潔秀麗，到處綠草如茵，樹木扶疏。市內見不到一輛腳踏車及機車，此在大陸各城市，甚爲罕見者。新建地下街優於日本大阪地下街，氣魄宏偉的勝利廣場及地下街，爲台灣首富國泰霖園集團所投資建造者，廣場上豎立有蔡辰男先生所書石碑記其事。

大連城市已具歐美水準，在台灣似尚找不到如此美好城市。

旅順距大連近在咫尺，僅五十餘公里，約一小時的車程。目前人口僅七萬餘人。

旅順位於遼東半島最南端，三面環海，與山東半島隔海相望，扼渤海咽喉，戰略地位重要，為不凍港，氣候宜人，風光綺麗。

公元一八八〇年，清政府興辦北洋水師，在旅順築軍港，修砲台，建船塢，於一八九四年中日甲午戰爭中，清廷慘敗，為日軍佔領，被迫割讓遼東半島給日本，但帝俄聯合法、德兩國，出面干涉，迫使日本將遼東半島歸還中國。

一八九七年帝俄軍艦闖進旅順，強租旅順為俄軍港，惟至一九〇四年日俄戰爭，帝俄失敗，旅順又淪為日軍殖民地，直至一九四五年八月，抗日戰爭勝利後，重回歸中國，日本佔領旅順長達四十年之久。

八月十八日晚七時，我們在大連乘夜快車軟座臥鋪直駛哈爾濱，於翌晨八時抵達。每間臥鋪，分上下兩層，可睡四人，夜間行車，別有趣味。

至哈爾濱後，則乘旅行團事先安排的中型遊覽車，於遊覽哈爾濱各景點後，即南下旅遊，到過吉林、長春、瀋陽等城市。

哈爾濱為黑龍江省省會，位於北緯四十四度，東經一二五度，是中國東北邊疆經濟、文化中心，素有「天鵝項下的珍珠」之美稱，市區人口約三百三十萬。

哈爾濱至冬季氣候極爲寒冷，有低至攝氏零下五十度者，但四季分明，春天風和日麗，冰雪消融，百花盛開，鳥語花香。夏日陽光燦爛，綠樹成蔭，山青水秀。金秋，則萬紫千紅，果實累累。寒冬則冰雕玉潔，玉樹瓊枝。松花江是東北著名大河，流經哈爾濱市，發源於長白山天池，流域面積佔中國二十分之一。松花江是滿語的轉譯，意爲「天河」。

哈爾濱在冬季十分寒冷，人民甚少外出，郵局營業時間也較短，上午八時半至下午四時爲止，信筒每天於九點四十二分、十五點十二分收攬各一次。

茲將此旅參觀過的重要景點簡述於下，或可供我郵同仁前往旅遊之參考。

一、日俄監獄

是帝俄於一九〇二年在旅順開始建造者，後經日本不斷擴建，爲日俄帝國主義鎮壓中國人民的魔窟，內有二百五十三間牢房，每間牢房矮小陰森，內僅放置便桶一個，另有絞刑室及義塚間，將死屍放在竹簍裏掩埋。該監獄曾囚禁殺害大批中國愛國志士，現成爲日俄帝國主義侵華罪行的展覽館。

二、日俄古戰場二〇三高地

也在旅順港，日本於日俄戰爭時，爲攻取俄軍二〇三高地，組織青壯敢死隊，向上爬進，前仆後繼，不許後退，後退者將爲日軍自己架設的機槍掃射，歷時數月始告攻佔，因此犧牲者有五、六萬人之衆，山頂建有紀念塔一座，日本乃木熙典大將將「二〇三」改名爲「爾靈山」，音義均佳。

三、哈爾濱工業大學

是俄國人在哈爾濱所創建的大學，於清末民初，爲東北培養了不少傑出的人才，我國前行政院院長孫運璿博士，即爲其中之一，他是當屆以第一名畢業的高材生。

四、兆麟公園

係爲紀念抗日英雄李兆麟將軍，爲日人殺害而於一九四六年三月十五日在哈爾濱所建立者，園之北端還有將軍墓，園內有花果山、玫瑰嶺、小南島、人工湖等，湖中並有五座小橋相連，景緻秀麗。

五、防洪紀念塔

一九五七年哈爾濱松花江發生大水災，幾淹沒整個市區，賴軍民合力，戰勝特大洪水，修築了永久性的江堤，爲資紀念，於市中心建立橢圓形的紀念塔一座，高達二十二公尺，象徵哈爾濱人民堅強不屈精神。

六、七三一細菌部隊遺址

在哈爾濱的日軍第七三一部隊，專門研究及培養各種對人類有害的細菌，俾施行細菌戰爭，消滅及戰勝敵人。陳列館內展示及揭露該部隊各種慘酷罪證，以我東北國人作爲活生生的實驗，有被迫在室外冰天雪地中赤身試驗者，亦有在解剖台上，將活人當場支解予以研究實驗者，眞慘絕人寰，不忍卒睹。

七、太陽島

太陽島位於哈爾濱松花江北岸，占地面積四百萬平方米，建於二十世紀二十年代初期，原來是白俄夏季度假村，至四十年代形成沿江別墅群和綠地公園，後經不斷擴建改造成爲療養、休閒及娛樂的場所，至冬天白雪皚皚，銀裝素裹，玉樹藍天，每年舉行「雪雕遊園會」，吸引不少遊客。

島上公園中央，有一個園中園的景觀，稱爲「水閣雲天」，閣外是太陽湖，至冬季湖水都結成冰。

八、豐滿水電廠

吉林豐滿水電廠爲關外東北規模最大的水利發電廠，歷史悠久，聞名國內外，壩堤高一百米，洩洪洞十一處，其發電量供東北各省之用。

惜我們到達之日爲週六放假日，電廠不開放，無法進入參觀爲憾，惟我們曾乘船遊湖，湖中盛產魚蝦，其中以胖頭魚較爲著名。

九、龍潭山鹿場

筆者在幼時，只知東北有三寶，是「人蔘、貂皮、烏拉草」，但吉林地陪說，目前都說東北有四寶，而且變爲「人蔘、貂皮、鹿茸、瑪瑙」，東北出產瑪瑙佔世界第一，南非第二。

梅花鹿鹿茸成爲東北四寶之一，因此旅行團至吉林後，特別安排參觀龍潭山鹿場，場內養有不少隻梅花鹿，鹿角多已被割取，鹿場旁還飼養有各種貂的動物，體型不大，其中當然以「黑貂」最爲珍貴。

十、僞滿皇宮

我們在長春曾參觀僞滿皇宮，是滿清末代皇帝愛新覺羅、傅儀，爲日本關東軍卵翼充當僞滿洲國皇帝時的宮殿，民間俗稱爲僞皇宮，溥儀及其后妃曾在此宮內度過十四個年頭。

僞滿皇宮之規模與豪華，殊不能與北京故宮及瀋陽故宮相比。勤民殿是溥儀於一九三四年三月一日登極稱帝之殿，同德殿則爲他處理政務的辦公室，另有緝熙樓是溥儀及其后妃居住的寢宮，此外尚有溥儀舉行國宴與家宴的場所。

十一、瀋陽故宮

瀋陽爲關外第一大城，目前人口達一千三百萬，在中國位居第五位，僅次於上海、北京、重慶、天津。

我們至瀋陽後，旅行團爲我們安排參觀的景點有：瀋陽故宮，張氏帥府、昭陵皇太極墓、北塔法輪寺等。瀋陽故宮又稱「盛京宮殿」或「陪都宮殿」，清太祖努爾哈赤清太宗皇太極均曾使用過的宮殿，清世祖福臨也曾在此宮即位稱帝。

瀋陽故宮始建於明朝天啓五年，於清崇德元年建成，亦即明崇楨九年（公元一六三六年）。至乾隆朝，曾予增建與擴建，佔地六萬多平方米，已有三百五十多年歷史。瀋陽故宮主要有「四殿」「三宮」，即大政殿、崇政殿、迪光殿、頤和殿、清寧宮、保極宮、介祉宮。瀋陽故宮內築有「文溯閣」，是存放乾隆「四庫全書」著名七閣之一。故宮內保存的歷史文物，多半是舊皇宮遺留下來者，除八旗甲冑、弓箭刀劍、火槍火炮等兵器，建鼓、編鐘、編磬、琴、瑟、笛等樂器外，尙有明、清兩朝書法、繪畫、陶瓷、雕刻、織繡、漆器、琺琅等藝術品，蘊藏量也相當豐富。

十二、張氏帥府

張作霖爲東北一代梟雄，塞外第一名人，其所居住之公館，稱爲「張氏帥府」。進門處牆上懸掛有張氏親筆所書一副對聯：「一丸塞函谷，三箭定天山」，具見何等氣魄。張氏不屑與日本關東軍合作，遭日人所忌，在由北京回瀋陽火車專車上，車抵皇姑屯時，爲日人所炸死。他先後娶有夫人六位，在帥府有一間專房，塑有張作霖與其六位夫人之塑像，張氏與其原配夫人爲坐姿，其他夫人則站立兩旁，其夫人個個貌美如花。

另有其長公子張學良公館，中共對張學良至爲推重，此由公館入口處牆上，前周恩來總理題詞，可獲得證明：「張漢卿是抗日有功之臣，將來更是要大書而特書的，我們共產黨人永遠不會忘記這位老朋友，中國人民也永遠不會忘記這位力挽狂瀾的愛國將領。」張學良公館內有一間客廳，陳列有他的兩位衛士逮捕其父親張作霖老臣楊宇霆的塑像，按楊宇霆即爲張學良所槍殺。

十三、昭陵皇太極墓

皇太極爲清太祖努爾哈赤第八子，稱太宗，是清朝入關第一代皇帝福臨順治帝之父親。昭陵皇太極之墓，滿清人極爲崇敬，視爲聖地，立有許多嚴格的規矩，地陪介紹說，如有冒犯，重則將會處死。皇太極在瀋陽稱帝後，將族名「女眞」改稱「滿洲」，國號「大金」改爲「清」，年號「崇德」，從此，清王朝的國號始在歷史上出現。

十四、北塔法輪寺

北塔法輪寺係於公元一六四三年爲皇太極所建立者，寺內有男女做愛塑像多座，壁上所繪者，也赤裸裸的描畫出男女性關係的畫像，對未成年遊客而言，觀賞似不甚適宜。

我們此次東北之旅，於八月廿三日在瀋陽觀賞各景點後應算結束，一般觀感，深覺東北地大物博，礦產蘊藏量豐富，無怪日俄帝國主義爭相覬覦佔領。旅行團於八月廿三日晚仍回到大連，原定於次日下午五時半在大連機場乘港龍民航機飛港，轉搭十時半華航班機回台，誰知大陸民航機時常誤點，港龍民航機遲至下午七時始起飛，領隊林彩滿小姐向大家說，至香港可能啣接不上飛台華航班機，她將安排大家在港住一晚。未料我們於當晚十二時半抵達香港機場時，因前一日華航在港甫發生空難，旅客遽減，啣接我們的華航班機，仍在等候由大連飛港兩個旅行團三十六位旅客，（包括我們旅行團十六位），而且將我們全團十六人安排坐商務艙，至感意外，華航班機於深夜二時許由港起飛，抵達桃園機場辦好入境手續時，已廿五日凌晨四時，承華航派兩輛大型車送我們至台北市美麗華飯店，我即僱計程車回新店住處，已晨光曦微，雖頗感疲累，但能平安抵家，至感萬幸。

北海道札幌賞花之旅

北海道爲東鄰日本島國四大島之一，位於北方，面積七八、五〇九平方公里，爲台灣之二倍，人口約五百五十萬，則僅及台灣四分之一。

北海道面積在日本四大島中佔第二位，其他三島面積爲本州二三〇、〇〇〇平方公里，九州四四、〇〇〇平方公里，四國一八、〇〇〇平方公里。

日本島國共由三、九二二個大小島嶼所組成。

札幌（SAPPORO）爲北海道第一大城，目前人口約一百六十萬，首爲美國黑船於公元一八五四年（日本安政元年），叩關開埠而成爲日本首批開埠港口之一。

北海道第二大城則爲函館，人口僅約二十三萬。

日本島國位於火山帶上，因此地震特別多，每年約有三萬多次。因火山之故，溫泉處處，有利於旅遊觀光事業，成爲無煙囱的工業，每年爲日本賺取巨額的外匯收入。北海道有二十座火山，其中八座爲活火山，隨時會冒出火燄與岩漿。

北海道因開發較晚，尚保存有原始風味，大自然田野風光景色，頗似歐洲。

北海道有六個國立公園，五個國寶公園，十二個北海道立自然公園。

旅遊北海道，依季節可分爲三種，其一爲每年二月初至十四日的冰雕雪祭，有稱白色嘉年華會；其二爲賞花，於每年七月中旬至八月初，到札幌富良野、富田農場、美瑛之丘等處觀賞；其三爲每年十月間觀賞紅色楓葉。

筆者因結褵五十餘年之老伴初喪，將八秩老翁，中途折翼，形單影隻，每睹物生悲，觸景傷情，不能自已，子媳見我如此，力勸我外出旅遊，以稍解悲苦。

因此參加旅行團，於七月十九日前往日本北海道札幌，作爲期六天的賞花之旅，同遊者共二十人，內十人爲我郵政退休員眷，有李茂添、黃梅、陳結等，熟識有伴，頗不寂寞。

七月十九日下午二時在桃園國際機場乘亞細亞航空公司班機，飛往日本大阪轉乘日航班機逕飛北海道札幌，於當晚九時許抵達後，即乘旅行團事先備妥的中型遊覽車先到市中心拉麵街，品嚐味道濃厚，耐人咀嚼別有風味的拉麵。

因觀光客多，尚須等候，每大碗取費日幣七百元，折合新台幣約二百元，並不便宜，但湯濃味香，又因飢腸轆轆，湯熱呵呵的，覺得特別美味可口，當夜宿札幌市區 Green 大飯店。

翌晨早餐後即乘遊覽車展開賞花之旅，茲將此旅重要景點簡述於下，或可供我同仁旅遊之參考：

富良野賞花

富良野、美瑛之丘及富田農場等處賞花，爲我們北海道之行重點所在。於富良野斜坡原野上，百花競放，花團錦簇，美不勝收，群花中最主要的是紫色的薰衣草，黃色的向日葵，其他有金魚草（又稱魚美人草）、罌粟花、芍藥花、百日草等，約有百餘種之多。紫色的薰衣草可製作香水，爲富田家族於一九五七年開始種植，香水品質，可媲美法國巴黎香水。

花田原野斜坡至嚴冬時，即可闢滑雪場。導遊說：「每年七、八月到花田賞花遊客甚衆，多達六百萬人次。」

完山溪小樽運河

小樽運河區爲一歷史悠久的港都，洋溢著浪漫情調，沿運河有一條石砌整潔，一、三一四公尺長的步道，河邊石欄桿上有六十三盞，古色古香的煤氣燈，漫步走道上，欣賞沿河風光，步道上有一身著日本古服，頭戴禮帽的日本人，在一輛特製的古代黃包車旁，供遊客拍照留念。

道旁也有畫家爲人繪畫，出售畫作。運河區周邊則林立著八音盒店與水晶玻璃品店，水晶玻璃製品，品質不錯，價亦高昂。

北海道開拓之村

開拓之村位於札幌市郊森林公園內，佔地約五十四公頃，將明治、大正時期的建築物約六十棟，如當時的市政府、警局、郵電局、銀行、醫院、學校、火車站、鍛冶鋼鐵屋、馬車、鐵道等，由他處移來，按照原型展示，可供觀光客瞭解十九世紀中葉開拓北海道時的原始建築風貌與生活情況。

洞爺湖泡溫泉賞煙火

洞爺湖畔溫泉裊裊，是北海道重要觀光景點之一。

我們旅行團所住旅館，即在洞爺湖畔，旅館內就有溫泉，男女分湯，已無往昔時男女共浴浪漫情調。

洞爺湖景色綺麗，晚間八時湖中施放煙火，五彩繽紛，可坐在旅館房間內品茗欣賞，亦可到湖畔觀賞，爲時約一刻鐘，如遇天候不良五彩絢爛的煙火，即將無福享受。

登別纜車觀賞熊牧場

洞爺附近有登別溫泉，從登別溫泉區乘六人坐的攬車，約五分鐘可至山頂，有熊牧場，飼養著大小黑熊一八〇隻之多。

牧場附近還有一座熊博物館，陳列著各種熊的標本。館旁尚有一展望台，可展望四周遠山及神秘的支笏湖，景色旖旎。

尼克斯玻璃水族館

尼克斯城有一座四層樓高的水族館，進館即可看到高達八公尺的廣角大型水槽，用透明玻璃製成，水槽中有三百多種奇形怪狀，五彩繽紛的魚類，步行穿越水中隧道，可親身體驗到在海中散步的感覺。又從二樓到四樓挑高空間的手扶梯旁，則可以欣賞在大型玻璃水槽內悠游的魚群。

在水族館附近尚有海豚與海獅的精彩表演秀可以觀賞。

總之，此次在北海道札幌旅遊六天，有幸碰到風和日麗的好天氣，氣溫涼爽舒適，田野風光秀麗，空氣清新，所住旅館均相當高級，有溫泉可泡，溫泉有在露天星光下者，別有情趣，吃的也很不錯，北海道盛產海鮮，螃蟹肥大鮮美，令饕餮客饞涎欲滴。

北海道尚出產哈蜜瓜，比在台灣果市場大而高級，價錢也貴得多，送哈蜜瓜作禮品，最受日本人珍視。

又該處的新鮮牛奶，絕未受污染，早餐時勿忘多飲幾杯，至於白色情侶巧克力糖及雪印牛奶糖，也最爲旅遊觀光客，爭相採購，買回送人者。

此次在北海道賞花之旅，同遊者均感滿意，但在筆者而言，唯一憾事，厥爲內子已逝，不然定會同行，且可作爲翻譯，因其日語，與日本人無異。

走筆至此，淚又爲之潸潸下，悲不自勝，但命運如此，也無可奈何。

齊魯之旅

登泰山，謁孔廟，遊泉水甲天下濟南，逛青島品嘗啤酒

承半世紀前同窗及同船來台老友，今日郵政社前社長阮齊國兄之邀約與慫恿，筆者追隨阮前社長及陳維星兩兄伉儷，參加旅行團，於七月廿五日至八月二日，而有大陸齊魯九日之遊，同遊者共十三人，其中一人為領隊，是旅行社所派方宜雯女士。

由於配合飛機航班，七月廿五日午由桃園機場經香港飛北京，在北京逗留玩了一天半，如能三通直航，就不必經港，省卻時間與金錢，也無庸先到北京，逕可遊逛齊魯了。

七月廿五日晚到北京，品嘗東來順涮羊肉風味，餐後逛王府井大街及東華門夜市。在北京一天半實在太短，只能遊覽天安門、紫京城、恭王府及崇禎帝自縊處景山等處，無暇登萬里長城及逛十三陵。十年前筆者曾偕先室去過北京、此次重臨，市容已大為改觀，具有國際一流大都市氣派，二〇〇八年奧運五彩市招在通衢街上臨風招展，隨處可見，後在青島市街，亦有五彩市招上

書「青島連奧運，揚帆通五洲」，具見中共對二〇〇八年奧運之重視。

第三天早餐後，原定由北京飛往濟南，因飛機機械故障，臨時取消改乘遊覽車前往，午後四時抵達。濟南爲山東省會，地處黃河下游，是座古城，遠在二千多年前春秋戰國時代，齊國就在此築城，名曰「濼邑」，因它處於歷山之下，又叫「歷山」。在濟水之南，從漢代起即稱作「濟南」。由於濟南泉水多，有趵突泉、珍珠泉、墨虎泉等共有七十二處，因此又號稱「泉城」。

濟南重要景點有下述三處：

◎趵突泉：

被譽爲「天下第一泉」，泉池成長方形，面積五百四十平方米，深三點七米，趵突泉公園內有花草樹木亭台樓閣之勝，尚有北宋第一大女詞人李清照紀念館，正廳有她石膏塑像一座，她所作「聲聲慢」古詞：「尋尋覓覓，冷冷清清，悽悽慘慘戚戚。乍暖還寒時候，最難將息，三杯兩盞淡酒，怎敵他晚來風急！雁過也，正傷心，卻是舊時相識。滿地黃花堆積，憔悴損，如今有誰堪摘？守著窗兒，獨自怎生得黑！梧桐更兼細雨，到黃昏點點滴滴。這次第1怎一個『愁』字了得！」名垂千古。

◎千佛山：

古名歷山，在濟南東南郊三點五公里處，山岩上有很多佛像之雕刻，蒼松翠柏，古木參天，景緻幽麗，空氣清新。

◎大明湖：

是濟南一顆明珠，湖面寬闊，岸邊垂柳拂面，湖水係匯集城內諸泉水，劉鶚老殘遊記有：「四面荷花三面柳，滿城山色半城湖，處處清泉戶戶垂楊，濟南泉水甲天下。」之句。湖之西南門有大詞人辛棄疾紀念館，湖中也有出污泥而不染的荷花，微風中清香撲鼻。

第四天到孔老夫子誕生地曲阜，孔子名丘，字仲尼，爲我國最偉大思想家、教育家、政治家，儒家的創始者，被稱爲「至聖先師」，卒於魯哀公十六年（公元前四七九年）。曲阜與耶路撒冷、麥加爲世界三大聖城之一，有孔廟、孔府及孔林（即孔墓）。孔廟始建於公元前四七八年，爲魯哀公祭祀孔子之處。孔廟範圍遼闊，分九進院落，大成殿內有孔子像，像上懸掛「萬世師表」「斯文在茲」兩匾額。兩旁有蘇東坡所題對聯。「德冠生民溯地闢天開咸尊首出，道隆群聖統金聲玉振共仰大成」。孔廟爲歷代封建王朝祭祀孔子的廟堂，規模宏大，保存完整的建築群與北京故宮、承德避暑山莊，幷稱我國三大建築群。

後又去祭拜孔子家族的墓園，稱「孔林」。墓園範圍至大，須乘坐有十多人座位的電動車，始能到達各處。孔老夫子墓碑上刻有「大成至聖文宣王墓」字樣，孔林除孔子墓外，尚有其子泗水侯墓、孫聖公墓、孔尚任墓、子貢墓等，墓園內杉柏參天，蟬聲處處，氣象哀淒。孔林入口處亦有一副對聯：「先覺先知爲萬古倫常立極，至誠至聖與兩間功代同底。」但不知何人所題。

第五天至泰安，登泰山，爲此旅最重要景點。泰山古稱「岱山」，又名「岱宗」，春秋時始稱爲「泰山」，與湖南衡山、陝西華山、山西恆山及河南嵩山，並稱五岳，因泰山風光旖旎，雄偉壯觀，譽爲五岳之首。我國大詩人杜甫「望岳」詩：「岱宗夫如何？齊魯青未了。造化鍾神秀，陰陽割昏曉。盪胸生層雲，決眥入歸鳥，會當凌絕頂，一覽衆山小。」膾炙人口。

登泰山要經過三個天門，即一天門、中天門及南天門。一天門是登山盤道的起點，在中天門可乘攬車到南天門，每車可乘六人，約八分鐘至十二分鐘抵達。至南天門後繼續往上爬登，相當陡峭，幸沿路青石板石級，相當潔淨，石階旁尚有欄杆可扶持，兩旁風光秀麗，可稍解攀登之苦，筆者與齊國、維星兩兄伉儷，雖年逾古稀，都慢慢登上泰山最高峰玉皇頂，海拔一千五百四十五公尺，瞭望天下，山巔有一塊「古登封台」碑，古代帝王登山祭天，即在此設祭壇。秦始皇亦曾於公元前二百十九年登泰山祭天。

下午到臨淄參觀齊景公墓殉馬館及中國古車博物館。臨淄人口約五十七萬，是歷史文化名城，春秋五霸之首的齊國，在此建都城達八百多年。古車博物館內陳列有春秋戰車、遼代駝車、明代輅車等。此外我們又參觀姜太公祠，姜太公是齊國第一代國君，被歷代帝王尊封爲「武聖」，姜太公祠內有三君殿、五祖殿、五賢殿及鐘鼓樓等建築，煙火繚繞，綠樹成蔭，亦值一觀。

第六天到蓬萊，觀賞蓬萊閣，蓬萊市人口僅約十四萬人，蓬萊閣則與黃鶴樓、岳陽樓、滕王閣，並稱四大名樓。該樓建在煙台市西北郊海岸絕壁上，始建於宋代嘉祐年間，內有呂祖觀、三清殿、天后宮、龍王殿、彌陀寺等，都是道教的殿宇。蓬萊閣上刻石盈壁，碑碣林立，有蘇東坡董其昌等名人手跡。觀賞蓬萊閣，頗有「此景只能天上有，人間難得幾回遊」的感觸。

第七天到山東半島的威海市，人口約二百餘萬，與朝鮮半島遙遙相對，爲國際化港都。韓國人來此經商居住者甚多，韓文招牌隨處可見。威海市的劉公島，是遜清北洋艦隊根據地，甲午中日海戰，清庭敗績，島上有中國戰爭博物館，陳列艦炮殘碎破片遺物，供人憑弔，館中有一間房，有當時北洋艦隊司令官丁汝昌因戰敗服毒自盡之塑像，地上散滿酒杯破裂之碎片。

我們參觀劉公島後即去青島，青島市人口約二百四十九萬，位於膠東半島南部的膠州灣內，三面環海，海光山色，風景秀麗，有「黃海明珠」雅號。青島爲避暑勝地，其北戴河向爲中共黨政首要，每年聚會避暑共商黨國大事處所。青島市可觀賞的景點有嶗山、魯迅公園、棧橋等處。嶗山有東方阿爾卑斯山之稱，位於青島市東方四十公里處，南瀕黃海，山海相連，有道教許多古剎，其中以太清宮最著，始建於西漢建元元年（公元前一百四十年）。棧橋由海濱伸展到海中央，建於清光緒十七年，長四百四十公尺，寬十公尺，橋盡頭有「回瀾閣」，雕樑畫棟，宛如海上宮殿。

青島啤酒聞名中外，於公元一九〇三年由德英商人在青島創廠，稱「日爾曼啤酒公司青島股份有限公司」。青島啤酒之釀造方法，是繼承德國釀造傳統，要經五十天發酵，選用優質大麥，良種啤酒花和純淨嶗山泉水精心釀製而成，泡沫潔白細膩，酒液清亮透明，味香醇爽口。此次旅行團，在青島最後一天，特別安排參觀青島啤酒廠，瞭解此佳釀製造生產過程，並品嘗純正青島啤酒的美味。

齊魯九日旅遊，於八月二日在青島遊小魚山公園後終告結束，搭機經港返回台灣，但在香港轉機，於機場苦候六個小時之久，致到台北回新店家，已深夜一時許，雖覺疲累，但能盡興平安歸來，仍感相當愉快。

再者，這次大陸齊魯九日之旅，於第七天遊覽煙台威海市，因受到台灣桃芝颱風影響，風雨飄搖，有時在細雨濛濛之中，有時則在大雨滂沱中，更有在雷電交加中參觀，即撐傘而行，衣履仍濕，多臨時買塑膠透明雨衣披遮雨，但衆人遊興不減，摩肩接踵。而遊客之中，似以大陸人士佔絕大多數，由此可見彼岸人民生活已比以前改善，有餘力旅遊觀光。

原載民國九十年十月「郵人天地」第三八〇期

閩南武夷山等地七日遊

「桂林山水甲天下，不及武夷一小丘」

由於郭沫若之詩評：「桂林山水甲天下，不及武夷一小丘」，對福建武夷山之風光，久所嚮往，其景緻竟能超越「山水甲天下」之桂林，極欲一窺究竟。筆者迺追隨老友陳維星、阮齊國兩兄伉儷，參加旅行團，於四月廿一日至廿七日，而有閩南廈門鼓浪嶼、泉州、湄洲島、福州及武夷山等地七日之遊，同遊者共十六人，其中有筆者紹興高中老師九十二歲嵩齡的徐善濤先生，另爲旅行社所派領隊輔大畢業的張乃升小姐。

此旅我們於四月廿一日午由桃園機場飛港，轉乘中國民航機到廈門，依次遊逛廈門南普陀寺、鼓浪嶼、胡里山砲台、泉州開元寺、湄洲島天后宮媽祖廟、福州西湖公園及武夷山、九曲溪等地名勝古蹟，於四月廿七日盡興安返台灣。

茲將上述景點，就見聞所及，敘述於下。

海上公園廈門

廈門爲福建省東南一個美麗的海島，有「海上公園」之稱，周圍一百二十公里，人口約二十二萬，與我金門遙遙相對，古代向爲鷺鷥、海鷗棲息之所，因之稱爲「鷺島」，到明洪武年始改稱廈門。明末鄭成功以金、廈兩地爲根據地，進取台、澎反攻華中華南各地。清爲廈門道治，民初改思明縣，後改爲廈門市至今，島上廈門大學爲福建最高學府，是華僑陳嘉庚氏所創辦，位於市區東南，校舍華麗，景色宜人，造就不少人才。

海上別墅鼓浪嶼

鼓浪嶼是廈門市西南方海上一個小島，長僅里許，週圍三里，面積約一、七平方公里，居民二萬餘人，綠蔭叢密，風光明眉，爲避暑勝地。

清道光二十八年，開闢爲商埠，洋人爭設租界，廣建別墅，南洋歸國華僑，也多在島上蓋別墅養老。島上最有名的勝蹟，是日光岩，爲全島最高處，可瞭望對岸金門、大膽、二膽等島。又島的西南海邊，有一塊矗立的大岩石，每當漲潮時，海浪拍擊，聲響如雷鼓，故名「鼓浪石」，島也因此而得名，遊人多競在鼓浪石前拍照留念。

閩南兩處最大佛寺

此次閩南之遊曾參拜過兩處最大的佛寺古剎，一爲廈門的南普陀寺，因位於浙江省佛教聖地普陀山之南而稱名，始建於唐朝，迄今已有一千多年的歷史。寺院規模宏偉，琳宮梵宇，建築富麗莊嚴，寺內有釋迦靈牙舍利寶塔，藏有舍利子，供人觀賞。又有秀釋廚，廚房內有四口宋朝年間鑄造的巨鍋，一次可煮米五百斤，供給一千僧人食用，因而稱爲「千僧鍋」，令人嘆爲觀止。

其次爲泉州開元寺，亦爲福建最大古剎，與洛陽白馬寺、杭州靈隱寺、北京廣濟寺齊名。開元寺建於唐朝垂拱二年（公元六八六年），迄今已有一千三百年歷史，原名蓮花寺，至開元二年，改名開元寺。寺內大雄寶殿，是全寺主題建築，全殿有近百根雕刻精美的巨大石柱，又名百柱殿。開元寺建寺前之地，原爲桑園，寺之西側，有顆高大枝幹龍蟠，樹葉繁密茂盛的老桑樹，聞已有一千四百多年歷史，開元寺建立前該桑樹業已存在，是顆桑樹還會開白皚皚的蓮花，因此開元寺原名蓮花寺。

開元寺大雄寶殿屋簷上方有一匾額，上書「桒蓮灋界」四字，「桒」爲「桑」字，「灋」即「法」字。又開元寺前東西兩側廣場上，聳立兩座以花崗石雕砌的高塔，稱爲東塔與西塔，各爲五層，巍峨壯觀，東塔高四十八、二七米，稱「鎭國塔」，西塔高四十四米，稱「仁壽塔」，爲開元寺勝景之一。

湄洲島媽祖廟

湄洲島為莆田縣沿海一漁村小島，面積僅十四、三五平方公里，島上人口約二萬餘人，島上以有天后宮媽祖廟而聞名海內外，近年來，海峽兩岸，掀起一股媽祖熱，每年媽祖誕辰，南洋、閩、粵及台灣等地千萬信徒湧向湄洲島來尋根謁祖膜拜。據史載，媽祖姓林，於宋朝建隆元年（公元九六〇年）生於湄洲島，雍熙四年（公元九八七年），羽化升天，她平素急公好義為救助海難而捐軀，享年二十七歲，其鄉民在島上建廟宇奉祀至今。台灣媽祖信徒認湄洲島是東方的麥加，朝聖聖地。據是廟所供資料顯示，全世界有二千五百座媽祖廟，台灣也有八百座。

福州西湖公園

旅遊第四天，我們遊逛福建省會福州市的西湖公園，雖也有亭台樓閣之勝，其面積比杭州西湖小得太多，湖四周景觀亦遠不如西子湖之旖旎美好，無足述者。福州其他景觀尚有鼓山風景區，及鼓山半山腰的湧泉寺，該寺處在白雲峰麓，層巒疊翠，蒼松翠柏，有「進山不見寺，入寺不見山」之感。第五天一早，離福州乘火車前往福建省西北部與江西省相鄰的武夷山市（原為崇安縣），該市人口二十二萬，接著遊覽我們此旅最重要景點武夷山。

武夷山優美風光

武夷山因郭沫若之詩評：「桂林山水甲天下，不及武夷一小丘」，而聲名大噪，享譽中外，但其詩評引起桂林人士之不滿與不平，因此有一位谷牧先生特作一詩來打圓場，聊解桂林人士之氣，其詩曰：「桂林山水甲天下，武夷山水亦神奇，同是祖國河山好，何必相比論高低。」

武夷山位於閩西北，是閩浙交界仙霞嶺山脈之支脈。其風景地帶，縱橫四十里，分為東西兩區，兩區之間的山下，有一條迂斜曲折之溪流，共為九曲，名曰「九曲溪」。

武夷山之主要景點，有所謂：「三三」「六六」「九九」，三三即九曲溪，六六為三十六峰，九九則是九十九岩。三十六峰中以天游峰最為著名，因天游峰四周經常有雲霧瀰漫，有如天上游，故稱天游。我們此次遊武夷山，或因天雨氣候不良，或因時令，天游峰封閉，未獲前往觀賞為憾。但我們也到了山中三賢祠，上下共約三千步石級，相當陡峭，天雨路滑，沿途又無欄杆可扶持，深怕跌交，進山處有雙人抬的滑杆可僱，上下雙程需費人民幣一百六十元，單程為一百元。三賢祠內所供的三位雕像：一、朱熹，二、劉子翠，三、劉甫，均為南宋大理學家。三賢祠門簷上有一匾額：「漢霄遊遨」。從三賢祠向四周瞭望，群峰矗立，雲海茫茫，山嵐飄忽，景緻秀麗絕倫。

武夷山山麓削壁岩石上，刻有一首朱熹歌頌的詩：「武夷高處是蓬萊，采取露根手自裁；地僻芳菲鎮長在，谷寒蜂蝶未全來；紅裳似欲留人醉，錦幛何妨為客開；飲罷醒心何處所，遠山重疊翠成堆。」

竹筏遊九曲溪

九曲溪是武夷山下最奇特，最值一遊的景點，溪流長九．五公里，溪兩旁群山競秀，峰巒巍峨，削壁奇石，壁立萬仞，鬼斧神工。溪水並不太湍急，我們於雨中乘竹筏遊溪，每一竹筏由十六根巨大的竹竿編製而成，我們身穿臨時買的透明塑膠雨衣褲，雙腳也套上塑膠套，又穿上黃色救生衣，坐在特製竹椅上，每一竹筏限坐五人，由前後各一人手持竹竿撐行，竹竿長五米，溪水最深處達三十六米，有時不得不樽兩岸削壁而行，竹筏前樽篙之人，一面樽篙，一面說明兩壁風光，兩岸岩石，遠看有類似象、猴、龜等動物形狀，岩壁上則有如國畫潑墨山水及五指手印等天然刻印。

總之兩岸景緻極爲秀麗絕倫，變化多端，爲筆者生平第一次見到如此美景，其美眞令人窒息，攝人心弦，頗有英語：「BREATHTAKING BEAUTY」之感覺。

一線天與水簾洞

武夷山尚有一線天與水簾洞景點，亦値一觀，一線天在兩削壁之間，狹僅通人，長約五百公尺，向上瞭望只見一線光，與杭州靈隱寺一線天幾相類似。過一線天後，拾石級向上攀登，約半小時到臨水簾洞，洞之高寬各約百公尺，洞旁有道院三間，內供奉道教祖師李耳老聃（即老子）。洞門前終年從千尋高峰流下銀瀑清泉，形成水簾飛瀑，麗日當空之際，有彩虹掩映美景，有詩讚：

「水簾千丈垂丹壑，晴雪長年舞翠簷。」

武夷名茶大紅袍

武夷茶也頗聞名，在往昔遜清時代，列為上等貢品，有御茶園，醅製此名茶，御茶園在岩崖之中，武夷茶又有名「大紅袍」者，譽為「茶中之王」，傳說古代一位皇太后，肚疼腹脹，臥床不起，遍請名醫，用盡靈丹妙藥，都不見效，結果用武夷山神茶，治癒皇太后的病，皇帝命使臣帶上一件大紅袍披在茶樹上，並賜茶樹以「大紅袍」之名。宋朝范仲淹有詩讚此名茶：「年年春自東南來，建溪先暖水微開；溪邊奇茗冠天下，武夷仙人從古栽。」

香港轉機回台苦候六小時

閩南七日之遊，於遊覽武夷山各景點後結束，同遊者均感滿意，四月廿七日下午由武夷山市搭乘中國民航飛港轉機回台，但在香港轉機，竟苦候六小時之久，如能三通直航，即可免去此磨難，轉思能盡興平安抵家，仍屬萬幸。

原載民國九十一年十二月「郵人天地」第三九四期

綠島之遊

郵政退休人員協進會，戲稱老人會，於四月十六日至十八日舉辦台東綠島三日旅遊，費用每人新台幣五千八百元，名額四十五人，報名第一天即已滿額，具見我郵退休老人，身體多健朗，遊興不淺。老人會應會員殷切要求，不得不續辦一次，於五月六日至八日，筆者與老友陳維星、阮齊國兩兄伉儷相約搶先加入。第二梯次綠島之遊，由老人會徐雪梅小姐擔任領隊，負責照料一切，十分盡職，至爲辛勞，應值同遊老人衷誠感謝。

五月六日清晨六時半，一輛滿載我郵退休員眷遊覽車，於郵政儲金匯業局大門口準時出發，途經台灣東北角海岸，十時半抵達蘇澳後，進入蘇花公路，沿海岸迂迴曲折前進，穿越若干隧道，一面頻臨浩瀚的太平洋，峭壁斷崖，至爲驚險，尤以清水斷崖爲甚。幸碰到風和日麗的好天氣，太平洋波平如鏡，蒼穹水天一色，深覺大自然之偉大，己身之渺小。中午抵達花蓮，午餐後繼續駛往台東，沿途曾遊覽花東縱谷、光復糖廠、鹿野高台、及關山親水公園等處，均係舊遊之地，無値述者。夜宿台東知本溫泉旅館，有溫泉可泡。稍解一日疲勞。

次日早餐後到富岡碼頭，搭乘大型「金星遊輪」前往綠島，爲時約五十分鐘，船票價每人竟高達新台幣七百六十元。

綠島在日據時期稱火燒島，向爲囚禁政治犯之地，光復後改稱今名。該島位於距台東市十八海里（三十三公里）的太平洋上，行政區劃屬於台東縣綠島鄉，面積僅十六・二平方公里，比蘭嶼島爲小，人口約二千餘人。先室與王小兒科醫生善靜等於數十年前曾遊過是島，筆者則爲首次。

回憶民國三十五年，台灣光復不久，自上海郵區來台，台灣郵務工會首任理事長陸象賢先生，帶來兩位女老師，計梅眞與錢靜芝，身材一高一矮，成立「讀書會」，教導台籍員工國語，並爲他們補習歸班考試課程。當時浙滬兩區調來台同仁多住在台北市東門町日式宿舍，每間房爲四個半榻榻米。計、錢兩位女老師所住房間，適在筆者對面。當時同住東門町宿舍者，就記憶所及，有滬區陸象賢、顧寬中、馮軍聲、朱承源、王啓震、陳斌、楊綠一、葉治平、沈錫春、浙區阮齊國、林福珍及筆者，另有湖北郵區徐端轂、潘安生等。計、錢兩位老師所成立之「讀書會」，後經治安單位查明有問題，該兩位女老師旋即遭難，加入「讀書會」之台籍員工，不幸也受牽連，囚禁於綠島監獄十餘年者有不少人，如自己加入「讀書會」，後再介紹他人入會者，遭受與兩位女老師同樣命運，誠屬慘事。東門町宿舍已於三十多年前改建郵務長公寓，已無往跡可尋，此一陳年往事，知者諒已不多。

我們抵達綠島後，即乘遊覽車遊覽全島一週，景點有所謂觀音像洞、樓門岩、將軍岩、牛頭山草原、小長城等，綠島海岸多爲岩石小丘陵，並無黃色細砂，因此未能成爲海水浴場，影響觀光。島上多灌木叢草，雜有不少低矮蒼松，遠看一片綠色，改稱綠島，尚屬名實相符。

綠島監獄仍尚存在，聞尚囚有犯人百餘人。島上除監獄外，有警察派出所、技能訓練所、老人養護中心等，並無教會及銀行，據說原有一所中小企業銀行，後因維持不易而停辦，但有郵局一所，員工三人，局長邱豐文先生，承告知儲金結存有新台幣貳億元，並有自動提款機之設置。

綠島岩石上尚有「滅共復國」石刻，觸目驚心，還有一處石刻，上刻：「在那個時代，有多少母親，爲她們囚禁在這個島上的孩子長夜哭泣」等悲慘字句。另有近年所築一所人權紀念碑，碑上刻有已往囚禁在監獄裡的人名，其中有蘇東啓、蘇洪月嬌等名字。我們於島上一家海味餐館享受海鮮後於下午四時仍搭輪返回台東。

第三天於遊覽台東三仙台、八仙洞等風景區後，仍循蘇花公路改經北宜公路，於晚八時許，興盡安返台北，結束綠島三日之遊，均感欣快萬分，莫不留下美好難忘之回憶。

原載中華郵政退休人員協進會「會訊」第一〇六期

紹中旅台校友赴紹慶賀母校百年校慶記

民國八十六年（公元一九九七年）四月九日欣逢我紹中母校百年校慶，旅台校友特組團專誠飛往慶賀，敦請高齡八十七歲徐師善濤爲名譽團長，團員計有校友陳梅生夫婦、趙家騫夫婦、馮筱林夫婦、吳越樵夫婦、俞仰賢、韓瑾人伉儷、尹政堯及筆者共計十一人。陳梅生、趙家騫、馮筱林、吳越樵等四對夫婦及尹政堯校友係先期各自前往，在紹興母校會合。徐師、俞仰賢、韓瑾人伉儷與筆者四人則于四月六日晨七時在桃園機場乘國泰班機至港轉乘港龍班機于午後一時抵達杭州，徐師及俞仰賢夫婦寓寶善賓館，筆者則宿舍妹處。

四月八日下午二時承杭州毛隆基學長租旅行車一輛帶同徐師、俞韓夫婦、筆者及來自廣西南寧茅福潤學長馳赴紹興，獲張耀康、陳惟于學長及校方熱烈歡迎與接待，午後五時，向母校報到，各領到資料袋一份，內裝：一、百年校慶紀念册，二、校友錄，三、紹中英傑，四、紹中一中優秀作文選等各一本，五、紀念懷錶一只，紀念章一枚。

我等報到時，見母校校門口及校內已布置得美奐美侖，各界所送慶賀花籃排滿道路兩旁，彩色慶賀長布條，掛滿校內外，迎風招展，氣象萬千。而紹興市內通衢街道上，亦時見橫懸慶賀長布條，一片喜氣洋洋。

我旅台校友慶賀團，備受重視，獲妥善安排住宿學校附近之紹興飯店內，至大陸各地校友則另住華僑飯店，相距不遠。在紹兩日，並蒙校方、紹興市政府、政協委員會及對台辦等單位之邀宴，品嘗多年未吃到特具地方風味之佳餚，大快朵頤。

四月九日校慶日，上午九時半，在人民劇院舉行校慶一百周年慶典大會，旅台慶賀團名譽團長徐師善濤、陳梅生學長、裘愉申學長及筆者等四人被安排坐在主席台上，筆者並被邀代表旅台校友致辭，深感榮幸，致辭時曾特別介紹八十七歲高齡之徐師，獲全場熱烈掌聲，歷時甚久。紀念大會後參觀校史紀念館，旅台校友聯合贈送母校紀念匾額上書「百年樹人」四金字，為前輩校友名書法家胡向遂先生之手筆，高懸墻上。至與筆者同班學長裘愉申、章桂英、羅志清等均有親筆所書繪國畫及書法作品致贈母校，亦被陳列在館內，為我班增光。

九日下午二時，一九四一年時高秋三、高春三、高秋二等級三班校友數十人歡聚一堂，金松、沈士英學長伉儷所主辦之晚霞集精美相册並於會中發行，至具紀念價值。當晚七時至九時，在人民劇院有百年校慶文藝晚會，節目至為精彩，多由在校師生表演，深覺無論服裝、演技，比我等當時就讀時好得太多。

四月十日上午八時，承張耀康、陳惟于兩學長事先與校方聯絡，由校方派遊覽車一輛，供我高秋三、高春三、高秋二等三級校友約二十餘人，前往五十前曾負笈之地蘭亭遊覽，見景物依舊，感慨良多。原計劃續往花明泉舊讀何家祠堂憑弔，惜以修路及為時間所限未果為恨，乃轉遊王陽明墓及禹王殿等處名勝，於下午三時結束後，又蒙校方即派專車一輛送徐師、毛隆基、茅福潤、俞仰賢、韓瑾人及筆者六人回杭。徐師於當日由其子接回桐鄉小住，直至五月二日始回台，而俞韓兩位則轉赴滬返回，筆者則在杭州，舍妹處逗留半月，其間曾去旅遊佛教聖地南海普陀，十分愉快。

總之，此次赴紹慶賀母校百年校慶，最大收穫，厥為與睽違多年，甚至相隔半世紀以上同窗好友歡聚，筆者同班學長計有，來自北京的裘愉申夫婦、廣西南寧茅福潤夫婦、上海金國楨夫婦、石家莊章桂英、南京潘家駒、平陽童降岳、杭州毛隆基、紹興張耀康等。至其他班級學長則有金松沈士英伉儷、陳惟于、王去病、吳春達、金孟達、陳德和、曹錫澄等。見各學長們身體健朗，精神矍鑠，更無限快慰，在人生暮年，已留下美好難忘之回憶。

原載一九九七年八月「新芽通訊」紀念集

半世紀前舊照引起追憶與感言

近偶翻閱舊相册，發現一泛黃的大型舊相片，攝於民國三十五年秋天，在日月潭畔台灣原住民曹族酋長毛王爺草舍前，迄今已逾半世紀的歲月，引起不少追憶，感慨良多。

民國三十四年八月十五日，八年抗戰勝利，台灣光復，重歸祖國懷抱，翌年春，郵政總局令上海、南京、浙江三郵區徵調志願赴台接收郵政人員，當時我們都是二十餘歲未結婚的小伙子，鑒於台灣寶島，美麗風光，物產豐富，尤其是香蕉、荔枝、鳳梨等水果，令人嚵涎欲滴，因此應徵的浙區同仁除領隊姚天造年齡較大已結婚外，其餘有汪承運、毛奎吉、陳維星、阮齊國、姚林章、劉紹忠、余學錦、潘月波及林福珍與筆者，共計十一人，均尚未結婚。後與上海、南京兩郵區應徵人員共約七十餘人，在上海同乘招商局八千噸貨輪海宿號，於三十五年五月十三日到達台灣基隆港，獲熱烈歡迎，乘特備的火車專車直駛台北。

我們抵台時，台灣郵電管理局已於該年五月五日成立，局長爲電方陳壽年先生，副局長有兩位，郵電各一，郵方爲林步瀛先生，電方爲楊銘久先生。局長副局長下設郵政、電信及儲匯三處，郵政處處長爲蔣樹德先生，儲匯處處長爲陳維馨先生，陳處長旋即調返大陸，後由林維欽及鄭廷傑兩位先生先後繼任。京滬浙三區來台同仁，大部分被派往各地接收郵電局。當時各地郵電局多爲合署經營辦公，至民國三十八年四月一日始各自成立台灣郵政管理局及台灣電信管理局，實施郵電分辦。浙區抵台同仁，姚天造、汪承運、余學錦、潘月波等四位前往淡水，毛奎吉及姚林章等倆位則去彰化。筆者與林福珍小姐追隨滬區馮軍聲先生去台北市植物園內接收台北貯金管理所。是時所長爲日籍左籐邊貫一，所內員工約有百餘人，大部分爲省籍，也有日本人及琉球人，均經我們遣送回國，日籍所長不諳我國語言，我等三人則未懂日語，爲我們當翻譯者爲省籍謝罔市小姐，後竟成爲筆者另一半，共度半世紀以上的歲月，惜不幸於去年五月十四日病故，筆者中途折翼，孤獨老人，實堪自憐。

我們於三十五年抵台後，聞說台灣中部日月潭風光秀麗優美，纔相約於是年秋前往日月潭旅遊，參與同遊者，除浙區外，尚有由南京來的李偕孳及尹梅仙兩位小姐，以及蔣文彬先生等三位。我們到日月潭，確屬名不虛傳，湖光山色，綺旎絕倫，當時遊客尚不甚多，我們曾去潭附近訪問原住民曹族酋長毛王爺，獲熱烈歡迎，即在其茅舍前與其女公主合影留念。這張照片，已歷五十多年，至堪珍視。

影中人自左至右，依次爲余學錦、劉紹忠、汪承運、筆者、阮齊國、毛王爺女公主、李偕孳、林福珍、尹梅仙、姚林章、蔣文彬、陳維星等，共計十二人，至同舟來台浙區同仁毛奎吉及潘月

自右至左，陳維星、蔣文彬（站在稍後）、姚林章、尹梅仙、林福珍、李偕肇、毛王爺女公主、阮齊國、胡全木、汪承運、劉紹忠、余學錦

波兩位因故未參加。

茲就此合影舊照中諸人，五十多年來作一回顧，人事滄桑，變化甚多，可說是白頭宮女話當年，不勝感慨唏噓。筆者欲說的第一位，是汪承運兄，他與筆者於民國三十二年在浙江龍泉蓋竹同榜考上乙等郵務員，汪兄於抵台當年，奉命與姚天造、余學錦、潘月波等前往淡水接收郵電局，前已言及，逾二年他與余學錦調回台北，同住在牯嶺街一幢日式榻榻米宿舍內，該屋同一屋頂下分隔爲兩戶，分兩門出入，另一戶爲當時在台北郵局服務的傅榮輝先生，有一女公子，芳名玉蓮，汪兄以近水樓台，獲得芳心而結成佳儷。迎娶時，筆者與陳維星兄曾陪同新郎乘轎車去敦請證婚人。後汪兄於民國七十四年十一月接王述調先生榮任第三十二任郵政總局局長。合照中右起第一位是陳維星兄，他曾任郵政總局供應處處長，於郵政儲金匯業局副局長任內榮退，他愛好打羽球，於民國四

十四年，與筆者、阮齊國兄及同舟來台另一老友潘安生先生，一同獲選爲第一屆交通杯羽球錦標賽郵政隊隊員，我們退休後仍在球場上相見。

合照中左起第五位是阮齊國兄，與筆者在浙江省立紹興中學與東吳大學法學院兩度同窗，後在郵政總局今日郵政社社長任內屆齡榮休。姚林章先生是合照中右起第三位，曾任郵政儲金匯業局稽核，他與毛奎吉兄同在彰化獲得佳麗，毛夫人還是郵政診療所的藥劑師，至毛兄曾任台灣北區郵政管理局局長、郵政儲金匯業局副局長。照片中左二是劉紹忠兄，他提前退休，全家移民加拿大，晚景佳勝。至於浙區來台同仁唯一女性林福珍女士（合照中右起第五位），於民國三十六年與陳維星兄結爲夫婦，曾在台北郵政診療所工作多年，也提前退休納福。

說到合照中左起第一位余學錦兄，性情溫和，頗有攝影天分，在台郵政界頗富盛名的攝影大師劉葆欽兄，我國在台早期所發行的故宮古物及古畫郵票原圖，多是劉大師拍攝的作品，但他對余兄的攝影技術與天分，也欽佩讚揚備至。余兄還喜愛京劇，對我國京劇名角名票，十分熟稔，筆者常愛聽他述說京劇名角掌故逸事，娓娓動聽。他於民國三十八年，在大陸變色前，與潘月波兄調返浙區杭州。民國七十六年我政府實施開放赴大陸探親政策，筆者曾赴杭州探親，與余、潘兄，兩度在西子湖畔歡聚話舊。不意民國八十七年元月收到余兄公子來函告知，其父不幸於八十六年十二月廿四日下午三時，因病自縊身亡，並附來其父親筆所寫告別親友書影印本。至潘月波兄亦不幸於八十八年十二月四日病逝杭州，對同舟來台老友之相繼凋零，實無限痛悼。

合照中右起第六位李偕孳女士與右起第四位尹梅仙女士，均爲由南京同舟來台者，李女士後下嫁電方同仁陳端先生，陳先生不幸於四十多年前病故，至尹女士則與合照中右起第二位蔣文彬先生結爲夫婦，蔣先生於工會及黨部方面至爲活躍，惜亦早亡，至尹女士也於二年前病逝。因此這張五十多年合影舊照，作古者已達三人，睹照思人，眞感慨萬分。而筆者屆齡退休，瞬已十四個年頭，將晉入八秩耄耋之年，而髮蒼蒼，而齒牙動搖。末了，謹禱祝尚健在老友，在廿一世紀，福壽康寧，吉祥如意，亡故者在天安息。

原載「郵人天地」第三六二期

郵匯局籌備復業舊照引起追憶與感言

老長官陳公潤老，前郵政總局副局長兼郵政儲金匯業局局長，不幸於五月十日仙逝，享年八十八高齡，筆者以攝護腺甫開刀，行動不便，六月十三日公祭之日，未能前往祭奠爲憾。惟追憶起多年前，潤老以耄耋之年，竟意外親至筆者台北市金山南路二段住處，交來一張放大一二至一〇吋舊照，攝於民國四十九年郵政儲金匯業局層奉行政院核准，在台籌備復業，於新店獅頭路一三六號五峰山麓翠園內，這份情意，使筆者心感無已。又這張四十年前放大舊照，使筆者頓陷入時光隧道裏不能自拔，引起不少追憶與感念，而無法自已。舊照影中人，自右至左，前排坐者爲：李彩英、苟清如、吳浴生、黃振治。後排站立者爲：陸勝揆、陳維樑、胡全木、許道中、顏永淼、陳潤東、錢德蔭等共計十一人，茲就影中人，逐一予以追念，人事滄桑，爲之感慨唏噓不止。

前排右起第一位是李彩英大姊，江蘇嘉定人，畢業於上海大廈大學會計系，於民國二十年，考入上海郵局，是中華郵政招收第一批女性郵政人員，可謂婦女郵政先進。民國四十九年參與儲匯局在台籌備復業工作，於儲金處充任科長。後李大姊於民國六十一年在儲匯局儲金處副處長任內因病提前退休，移居美國，惜於民國八十五年以八十八歲高齡仙逝於維琴尼亞州。

前排右起第二位，是芶公清如前輩，四川成都人，往昔在川區主持郵工運動，大陸逆轉時來台，爲我郵政生肖屬牛，生於民前十一年五位郵政大老之一，（按其他四位是何總局長縱炎、劉副總局長承漢、鄭副總局長廷傑、薛副總局長聘文）郵匯局籌備復業時，他先任業務處處長，筆者當時蒙總局副局長兼台灣郵政管理局局長許公季珂特達之知，從台管局秘書室秘書擢升儲匯局業務處副處長，做芶公之副手。後業務處擴充爲儲金、匯兌、營業等三處，儲金處處長爲應公國慶，營業處處長爲曹公啓元，芶公清如改任匯兌處處長，筆者仍任其副手。

前排右起第三位，是吳公浴生前輩，浙江杭縣人，抗戰時曾在湖北恩施辦理軍郵，民國三十五年調來台灣，在台灣郵電管理局業務科任第一股股長，當時科長爲應公國慶前輩，科長下設四股，分由吳浴生、李應麟、王慶輝及潘安生任股長，第一股股長等於副科長，筆者曾在該科任科員。民國三十八年，台灣郵電分辦，吳公奉調撤遷來台儲匯局留守處工作，至四十九年儲匯局奉准籌備復業時，吳公任總務處處長。五十三年筆者奉調總局總務處副處長，越二年，吳公調來做我的上司。五十七年吳公調任主任秘書，次年筆者又調去做秘書，仍在吳公屬下工作，所以吳公與筆者頗屬有緣。後吳公以心臟病提前退休，旋即不幸病逝。

前排右起第四位爲黃振治女士，台北市人，政大畢業，聞與救國團主任李鍾桂博士有同窗之誼，目前尚堅守儲匯局崗位，但歲月逼人，當時儲匯局籌備復業時之黛綠年華少婦，亦將於明年屆齡榮退了。

至後排站立者，右起第一位，爲陸公勝揆前輩，江蘇海門人。儲局籌備復業時任安全室主任。陸公抗戰時畢業於軍事委員會交通研究所郵政系第一期，曾主持軍郵事務。陸公屆齡退休後移居美國，已病逝異域。

後排右起第二人爲陳維樑兄，福建閩侯人，儲匯局籌備復業時，在總務處任文書科科長，他與筆者在青潭毗鄰而居，榮退後全家移居美國費城，惜已早故。

後排右起第三人即爲筆者，在儲局籌備復業時，先後任業務處及匯兌處副處長，在茍公屬下，頗蒙照顧。

後排右起第四人爲許道中兄，湖北黃陂人，在儲局籌備復業時任總務處副處長，他與筆者同於四十九年升署副郵務長，亦已早逝。

後排右起第五人爲顏永淼兄，也是湖北黃陂人，他在儲匯局籌備復業當時在何單位及任何職務，因年久已無法記憶，他戴一副深度近視眼鏡，爲橋牌高手，與筆者在青潭亦爲芳鄰，榮退後全家移居美國洛杉磯，晚景佳勝。

後排右起第六人，即爲近逝陳公潤老，本文開頭業已詳敘，不再贅述。

至後排右起第七人，爲錢德蔭兄，浙江嘉善人，儲局籌備復業時，在會計處工作，頗受當時處長陳公潤老之賞識，因錢兄辦事忠誠幹練而認眞，尤以其一手穎頭小楷，獲得同仁們一致讚佩，

自右至左：
後排站立者：陸勝揆、陳維樑、胡全木、許道中、顏永淼、陳潤東、錢德蔭。
前排坐者：李彩英、芶清如、吳浴生、黃振治。

其夫人王亞雲小姐，是郵政前輩王端公之嬌女，由於陳公潤老之從中作伐，而結成佳儷。後錢兄調升總局集郵處副處長，不幸在副處長任內病逝，使局內同仁及國內外郵壇爲之扼腕悼念不已。

由上所述，這張四十年前放大舊照，影中人十一人中，作古者竟達八人之多，碩果僅存者只現居美顏永淼兄及尚在儲局工作的黃振治女士與筆者老朽等三人而已，誠如古詩所云：「訪舊半爲鬼，驚呼熱中腸」，撫今追昔，令人低徊感嘆不止。

原載郵人天地第三六七期

追憶五十年前代理旗山郵局局長匝月往事

追憶往事爲老年人的通病，無論於晨昏時刻或午夜夢迴，莫不熱愛沉浸於時光隧道裡而不能自已，也可說是老年人的悲哀。茲欲追憶者，酒整整半個世紀以前，筆者在台灣郵政管理局內地業務股郵運組組長任內，奉命於民國四十二年九月前往旗山郵局代理局長匝月往事。

台灣在日據時代，郵電事業係聯合經營，多合署辦公。至民國三十五年五月一日，台灣郵電事業實施分辦，分別成立台灣郵政管理局及台灣電信管理局，筆者係於民國三十五年五月十三日由浙江郵區杭州，追隨南京、上海兩郵區人員共約七十餘人，同乘國營招商局八千噸海宿輪抵台，接收台灣光復後之郵政。民國三十八年傅德衛先生接任台灣郵政管理局局長，爲使局內基層主管人員實地了解地方郵局局務，以便管理並培養人才起見，分別指派到各地郵局代理局長三個月。筆者奉派南下到高雄縣旗山郵局代理局長，筆者同船來台老友潘安生兄則至屏東郵局代理局長。

筆者考進郵政後，即被派在郵區管理局任事，從未在內地郵局工作過，今有此機緣去實地了解地方郵局之局務，因此欣然就道。

在當時旗山郵局爲三等郵局，內外勤人員共僅十餘人，我抵達後承襄辦郵務佐宋永珍先生多所協助，其爲人忠誠老實可靠，處事一點一畫，循規蹈矩，筆者在他協助之下，曾將局內稍事整頓革新，又能與管理局各單位溝通良好，獲得旗山郵局同仁一致肯定。

至十月上旬，不意因台灣縱貫線鐵路調整行車班次，當時南北郵件運輸，除少數飛機班次之航空運遞外，全賴火車郵運。各鐵路快車班次上，莫不掛上一節郵政車廂，稱爲火車郵局，在車上有郵政人員處理信件，並於短暫停站時間內急忙接送郵袋，至爲辛勞。是故縱貫線火車班次之調整，對郵件運輸之影響至深且鉅，筆者以身任郵運組組長之故，傅局長乃電令筆者提前返回管理局負責處理，因而筆者代理旗山郵局局長，爲時僅匝月。

臨別旗山時，承旗山郵局局內同仁，於十月十五日在郵局局門前攝影留念，照片中坐在前排中間者即爲筆者，前排左一者爲老友宋永珍先生，局門口上方尚有「電信局、郵局」字樣招牌，具見當時在旗山是郵電合署辦公的。

上述陳年往事，一晃已過去了五十年，老友宋永珍先生後榮升旗山附近美濃郵局局長，於局長任內屆齡退休，但不幸於數年前仙逝，照片內其餘同仁目前情況不明，而筆者在當時尚爲「而立」之年，可謂青春年少，今則已逾耄耋，垂垂老矣，睹照思人，不勝感慨唏嘘。至郵政總局這塊百年老店招牌，亦已改爲公司組織，成爲歷史，不復存在。至於上述傅德衛前輩局長之將管理部門基層主管下鄉至地方郵局短暫代理局務之作法，是否值得郵政公司之借鏡考量，或爲本文結尾題外之語焉。

原載「郵人天地」第四〇五期

譚長壽

長壽，爲古往今來，人人所嚮往追求的目標，可說是人類的本性。古人爲期能長命百歲，莫不千方百計，尋求長生不老之術，覓良藥，鍊仙丹，以達到長壽目的。

上古史籍記載，秦始皇帝聽信了鬼谷子的話，說東海中祖洲上有不死之草，曾遣方士徐福求之，徐福帶童男童女各三千人，乘樓船入海，一去不返，傳說他被颱風吹襲，漂流到東瀛三島，成爲日本人的始祖。而求長生不老的秦始皇帝，於二十六歲立帝位，在位三十七年，享壽僅六十三歲。

漢書郊祀志：「漢武帝，作柏梁銅柱，承露僊人掌之屬。」注引三輔故事云：「在建章宮製承露盤一座，高二十丈，大七圍，以銅爲之，上有僊人掌，以承露和玉屑飲之。」以求長生不老。

我國古籍對壽命之記載，左傳注：「上壽一百二十歲，中壽百歲，下壽八十歲。」論語爲政篇：「三十而立，四十而不惑，五十而知天命，六十而耳順，七十而從心所欲。」書大禹謨耄期倦于勤傳：「八十、九十曰『耄』，百年曰『期頤』。因此年逾八十，謂耄耋之年，屆齡百歲爲

「期頤」之慶，值得大事慶賀。

我國大詩人杜甫所作「曲江對酒」詩：「朝回日日典春衣，每日江頭盡醉歸；酒債尋常隨處有，人生七十古來稀。穿花蛺蝶深深見，點水蜻蜓款款飛；傳與風光共流轉，暫時相賞莫相違。」詩中說壽年七十曰「古稀」，在往昔達古稀之年，認爲不易，但目前科學進步，醫藥昌明，環境飲食改善，人類壽年莫不增長，古稀之年已不算稀奇，有人說古稀老人滿街走，不知何人還作了一首打油詩：「六十未出世，七十才開始，八十小老弟，九十正當時。」以供莞爾。東瀛日本人，對壽年有一種很有趣的稱謂，他們稱八十八歲爲「米壽」，因「米」字爲八十八所組成。九十九歲爲「白壽」，因「百」字少一劃，爲九十九。又有稱一百零八歲爲「茶壽」者，蓋「茶」字，上部草字頭爲二十，下部像一米字，「八十八」加「二十」，即爲「一〇八」也。

人類壽命最長究竟能達到幾歲，無可查考，諒世界金氏紀錄當有記載。中華五千年歷史，根據上古「國語鄭語韋照注」，謂周朝柱下史彭祖，享年八百歲，一云彭祖即老子也。依照現代科學眼光，人類似不可能享壽如此之高者，我們可以神話視之。

人類壽命能達左傳注：「上壽一百二十歲」者，恐不多有，但能屆「中壽」百歲者，當不在少數。爲我們所崇敬的蔣夫人，今年三月廿五日，歡度一百零五歲華誕，目前客居美國紐約福躬健朗。我郵退休長輩許紫雲先生，現年一百零六歲，可說與中華郵政同壽也，福躬健朗允稱郵政人瑞。

最近於三月卅日逝世的英國伊麗莎白皇太后，享壽一百零一歲。又近據報載，新加坡有一位一百零三歲人瑞許哲老奶奶，她每天靜坐佈施，閱讀運動，做瑜珈，吃生鮮果蔬及牛奶。

我國開國元勳張群岳軍先生，陳立夫先生及西安事變主角張學良將軍等，均享壽逾百齡。張岳公享壽一百零三歲，陳立夫與張學良兩位，均享壽一百零一歲。他們之所以能壽屆遐齡，據他們自述，均有至深的哲理存在，實值我儕參考。如張岳公八秩時所自撰之自強歌：「日行三千步，夜眠七小時，飲食不逾量，作息要均衡，心中常喜樂，口頭無怨聲，愛人如愛己，報國盡忠誠。」陳立夫先生則寫了一篇「我怎麼會活到壹佰歲的文章，刊登於傳記文學第七十五卷第四期，頗值細讀，茲摘述要點於下，以供同仁參考：「一、有四種先天稟賦：

㈠我能熟睡，㈡不發脾氣，㈢記憶力強，㈣有恆心。二、後天的保養：㈠養身在動，養心在靜；㈡飲食有節，起居有時；㈢物熟始食，水沸始飲；㈣多食果菜，少食肉類；㈤頭部宜冷，足部宜熱；㈥知足常樂，無求乃安。」

至於張學良將軍，據媒體報導，他自說之能享高壽，夜間能熟睡，縱使次晨要拉去槍斃，也能安然入睡，此種泰山崩於前，能無所畏懼之心態；或也能享高壽之因吧！筆者近看到「長壽十則」，不知何人所作，對養生保健也很有道理，特錄述於下，作為本文結尾，並供參考：

一、少車多步，二、少欲多施，三、少怒多笑，四、少食多嚼，五、少鹽多醋，六、少言多行，七、少衣多浴，八、少煩多眠，九、少糖多果，十、少肉多菜。

原載民國九十一年五月「郵人天地」第三八七期

病中吟

道林

「病中吟」為「二胡」名曲之一，憶民國卅二年，我在浙江省最南端與福建省接界之龍泉縣蓋竹考上乙等郵務員，蓋竹地處山鄉小村，拉「二胡」成為同仁們公餘消遣之一，筆者該時對拉「二胡」曾著一陣迷，一遇下班，即一琴在手，就咿咿呀呀殺起雞來，弄得芳鄰遠避三舍。「空山鳥語」、「昭君出塞」、「燭影搖紅」、「梅花三弄」、「漢宮秋月」及「病中吟」等名曲，也會露一兩手。農曆春節員眷同樂晚會，曾與民國卅五年同船來台老友阮齊國兄等上台演奏過，迄今回味無窮。來台時曾將一把心愛的「二胡」帶來，後幾經搬遷，「二胡」已無芳蹤，實屬可惜，而一曲「病中吟」名曲，竟成我病中呻吟之作，實非始料所及。

筆者近幾年來，流年不利，住院開刀頻頻，曾因「疝氣」、「攝護腺」動了幾次小手術，住院三、四天即出院。而於民國九十一年十二月卅一日，又因膽管內結石，住進台北市一家公立醫院，於九十二年一月八日上午八時開刀取出結石不少塊，並將整個膽囊刈除，成為無膽之人。手術時全身麻醉，至下午二時許醒來，傷口並不感覺痛，手術堪稱成功，惟手術後大便內有血色，不得不留院觀察，不能飲食，全靠打點滴，維持營養，爲掛點滴，有時護士技術欠佳，多次刺及動脈，致雙手傷痕累累，苦不堪言，受盡磨難。至一月廿九日，賴上蒼保佑，大便內無血色，得回家療養，歡度農曆春節，醫囑不能吃油膩食物，多食果蔬。主治大夫並將開出結石多塊交我帶回家留作紀念。

筆者住院期間，蒙本會徐理事長蒞臨探視，並賜贈貳千元紅包，祝早日康復，無任感銘。隨同徐理長蒞臨探視者，尙有老友王前總局長述調、張翊、周甲、王采汾、陳甲寅、洪泰山諸兄。筆者此次住院開刀，雖曾囑子媳，不要驚動親友，仍蒙親友阮齊國、侯宛烽、劉志潔、王宗亞、陳玶、梁秀中、陳逸谿伉儷等蒞院探視，並寵賜燕窩、雞精、奶粉、水果等，實受之有愧。筆者另一老友陳維星兄，因他自己有疾，未能來院，但承他不時電話探問。筆者此次手術，至少須療養三個月才能復原，目前可在室內走動，但出門上下樓梯，還感乏力。

又筆者此次住院開刀，曾蒙旅美王前總局長叔朋公馳書慰問，銘感莫名，茲將來函錄述於下：

「全木吾兄大鑒：接讀今年二月九日大函，知兄近因膽管結石開刀，住院近一個月，現已痊癒回家，正在家中靜養，聞之至爲繫念。膽管開刀取出結石，聽來甚爲輕鬆，須經全身麻醉，醒來又發現大便內有血色，又須留院觀察，不能飲食，全靠打點滴，維持營養。而打點滴，因抽血技術不佳，常刺痛手臂，眞是苦不堪言，無家人在旁照料，幸所用印尼外勞，照顧週到，現在回家可以多注重飲食營養，慢慢康復，三個月內定可恢復健康。病後飲食營養，醫生諒有指示，再加輕微運動，因兄身體底子很好，較易復原，匆此敬祝

健康進步，心情愉快

弟 **叔朋** 拜上

九十二年二月十八日

內人附候

原載中華郵政退休人員協進會「會訊」第一〇〇期

對呂副總統一夕割除膽囊感言

在月前，台灣報章及電視媒體熱烈報導，呂副總統在台北市國立台大醫院一夕割除膽囊盛事，於開刀後次日，即由隨扈及大批媒體記者，前呼後擁之下，視察各地，意氣風發，全不像甫經開刀切除膽囊之人，令筆者感慨良多。因我曾於年初，也以膽管結石發炎，在一家台北市立醫院住院開刀刈除膽囊，而纏綿病榻，歷時匝月，受盡痛苦與磨難，與呂副總統刈除膽囊，竟於一夕瞬間開刀病癒出院，殊不可同日而語。誠然筆者已耄耋，而呂副總統還是盛年，不能相提並論。而且國立台大醫院，歷史悠久，設備新穎完善，在台首屈一指，非其他市立醫阬，所能望其項背，可是膽囊刈除，竟能一夕而癒，豈其所網羅的大夫，個個是扁鵲轉世，華陀高手。又筆者原也可在台大醫院開刀刈除膽囊，奈因先室在台大醫院治療肺癌，先後達二年之久，終告不治，因而視台大醫院爲傷心之地，竭力避免進入，纔未在該院開刀刈除膽囊，遭受種種磨難，自是活該。

原載中華郵政退休人員協進會「會訊」第一一三期

參觀上海郵電老人文化中心記

筆者應邀追隨王述調、王啓震、王南山、王愷等先進，於十月三十一日由台飛滬參加一項研討會，爲期三天，自十一月二日至四日，於會議結束後次日上午，偕同王述調、王啓震兩兄參觀上海郵電老年文化中心。是中心位於上海郵電二村內，赤峰路六弄十六號，爲一幢新建的三層樓建築，面積一千多平方米，外觀堪稱雄偉美觀，進口大門上方，所書「上海郵電老年文化中心」幾個大字，蒼勁有力，是大陸名書法家任政先生的手筆。門外左邊牆上並寫有「祝您長壽，我是SPT一員，物質生活、知足常樂、人際關係、助人爲樂、精神生活、自得其樂」等字句，深具意義。

進大門後對面牆上，有老年人榜，第一名最年長的是一百零三歲的馬逸亭先生，第二名爲一百零二歲的謝國桂先生，據告九十五歲以上的壽翁即有十餘人，而年屆九十歲的則更多達八十餘人，因此雖高年九十，還無緣上榜。列榜的壽翁，張貼有其玉照及簡單生平介紹，上述老年人榮譽榜，至富創意。

一樓有書報閱覽室、乒乓室、健身房及茶室等，此外，竟發現有麻將間，頗出意表，內備有麻將桌四張，如與愛好此道，脾胃氣味相投的老友來上幾圈，共遊竹林，實爲消磨閑餘良好消遣之一。在茶室飲茶，須付費人民幣三角，與三五知友，品茗促膝聚談，擺龍門陣，上下古今，亦人生一樂。而茶室中每逢星期三、五上午八至九時，據告有時尙有說書可聽。

二樓有一面積較大的常樂廳，內有表演台、舞池、音響、燈光、電視、空調等，設備相當齊全，可供唱戲、跳舞、唱卡拉OK等娛樂活動。三樓則有不少間房間，開設有文學班、書法班、繪畫班等，聘請專家學者來教授。

承告該老年中心經常舉辦各種活動及訓練班，如京劇、越劇、歌唱比賽、卡拉OK演唱會、交誼舞會、棋藝及乒乓比賽、撞球與太極拳訓練班等等，可謂多采多姿。該中心還不定期出版一種活動消息「小報」，報導各種活動情形。老年中心自一九九四年二月五日落成開幕至今，該小報已先後出版了四期。是中心每日對外開放時間爲上午八時半至十一時半，下午一時半至四時半。由上可知老年文化中心確已成爲上海郵電退休老人的樂園，令人艷羨不已。

是日（十一月五日）上午，當我們前往參觀時，在二樓常樂廳，還特爲我們舉辦一項京劇清唱會，上台演唱的上海郵電退休老人及專邀前來唱戲的兩位郵電眷屬年輕秀麗的女士，莫不字正腔圓，深具功力，聆聽得十分過癮。同行王啓震兄，也應邀請上台亮了一手，哼了幾段老生戲，頗有麒派韻味，至獲內行顧曲周郎之讚賞。而素喜唱歌的王述調兄，也應邀淸唱了「我祝您幸福」

等三首國、台語歌，獲熱烈掌聲。

筆者此次在老年中心，另有一收穫，厥爲與相隔幾半世久的幾位老同事陸象賢等人晤聚，他們跟啓震兄及筆者於一九四六年五月在滬同乘招商局海宿輪來台接收台灣光復後之郵政，並曾同住台北市東門町宿舍，他鄉遇故知爲人生快事之一，見彼等身體健朗，精神飽滿，心中更感無限高興。

回顧我中華郵政退休人員協進會會址，係在台北市愛國東路二一六號儲匯大廈二樓一〇七室，佔有房間四大間，堪稱寬敞，設備亦還齊全，有書報閱覽室、康樂室、健身房等，供閱覽的報章雜誌相當多，書框內可借閱的文學名著、小說等等十分豐富。康樂室內有乒乓桌、彈子檯、橋牌及棋藝桌等，健身房中則備有各種健身器材，另有大型彩色電視、音響、卡拉OK電唱機等。在協進會內是免費供應茶水的。此外，還不定期舉辦旅遊活動。身爲中華郵政退休老人，有如此的會所，已感滿意，惟總希望將來能更上層樓，擁有自己獨立的會所，一如彼岸然，因在目前不無有寄人籬下之感。

原載中華郵政退休人員協進會「會訊」第六五期

憶念集郵耆碩王公藹雲

郵壇殞落兩顆巨星

民國九十三年是台灣郵壇損失慘重的一年，因殞落了兩顆巨星，其一是有郵王美譽的張醫師敏生，於六月廿五日因心肌梗塞於鹿港故世，享壽八十一歲。其二是居住台北市杭州南路的王公藹雲前輩，因直腸癌於八月一日在淡水馬偕醫院仙逝，享嵩壽九十九歲。張、王兩公均為筆者多年老友，無任痛悼。張敏生醫師於七月十七日在鹿港舉行告別式，筆者因未獲訃聞，不及前往祭奠為憾。而王公藹雲之喪，係接其子王景明先生電話告知，於八月九日在台北市第一殯儀館開弔。因王景明先生久居美國，對其父在台親友所知者不多，因此到臨祭奠者也不多。當日到臨弔祭之集郵人士有筆者老友陳繼勳、俞兆年、朱守一等，立法院王院長金平及前教育部朱部長匯森亦蒞臨祭奠。當日不收奠儀，簽名後獲贈花束一朵及王公藹雲編印之「溥心畬先生詩書畫三絕冊」一本，印製十分精美。

對郵政總局貢獻良多

筆者與王公藹雲相交數十年，諸蒙關愛教正，受益至深。初識王公，係於民國六十七年，郵政總局於台北市國父紀念館舉辦「百年郵展」，筆者時任郵政總局集郵中心主任，因職責關係，時向王公接觸請教。王公以德高望重，被推榮任百年郵展評審委員會主席，獲得國內外郵壇一致肯定。又當時郵政總局局長爲施公有強，與王公爲兒女親家，王公獨子王景明先生娶施公嬌女施德馨小姐爲妻。常聆施公言及，因與集郵人士經常交往，其唯一掌上明珠爲集郵家收集而去，在郵壇上傳爲佳話。

參與編印第一本「中國郵票目錄」

郵政總局於民國四十五年三月廿日，爲慶祝中華郵政創辦六十週年紀念，假座台北市桃源街交通大廈內舉辦郵票展覽會，編印了我國第一本「中國郵票目錄」，王公藹雲即被聘爲九位編印委員之一，其他八位爲：陳志川、李東園、黨恩來、黃建斌、何炎、王叔朋、施有強、陳蔚文（即陳斌）。目前泰半編印委員已作古人，不勝感慨唏噓。

參與編印民國七十五年版「中國郵票目錄」

郵政總局於民國七十五年，將「中國郵票目錄」重新編印，成立編印小組主其事，當時筆者任郵政總局副局長，奉命出任編印小組召集人，敦請薛前副局長聘文、王藹雲先生、潘安生先生等爲編審委員。當時集郵處處長王威兄及副處長侯宛烽女士均爲委員之一。編印小組每週開會研商一次，歷時半年，於當年十月終於出版一本「中國郵票目錄」民國七十五年紀念版。此版目錄內容有重大更改，茲舉其犖犖數端於下：

㈠郵票圖形均以彩色依原樣精印，使郵票目錄與郵票圖鑑合而爲一。

㈡郵票分類之改進，以往郵票目錄係採六分法，即依其性質分別普通郵票、紀念郵票、航空郵票、慈善郵票、軍郵郵票、及欠資郵票等六類。惟此六類郵票之數量，多寡懸殊，如慈善及軍郵郵票各僅寥寥三數套。欠資郵票、航空郵票、及紀念郵票則較多，最多者則爲普通郵票，在全部郵票中佔有泰半，套號逾三百四十餘號。按「普通郵票」在英文爲「Ordinary Stamps」或「Regular Issue」，郵學家稱之爲「Definitives」，蓋指日常繁用之郵票而言，然在以往我國郵票分類中，向無專題郵票「Topical」或「Thematic Stamps」之一類，凡無紀念字樣之郵票，號屬專題性質，發行有限量，供售有期限，亦皆編列在普通郵票類內，以是普通郵票之領域日益龐大，而專題視同普通，在性質上尤易引起誤會。爲期「常用票」與「專題票」之界域分明，茲特將繁用之「普通票」改稱「常用票」，並自民國三十年六月廿一日發行之「節約建國郵票」開始，另闢「專題」一類，而「節建」票之編號，乃由原來的「普34」改爲「專1」，所有「普」字編號各票，分別依其性質逐一分別訂為「常」字或「專」字編號，從此，自大龍郵票迄今，凡繁用之票皆冠以「常」字編號，而其他之「普」字編號，概予以重編「專」字號碼，此事在郵史上具有突破性之創意，性質重要。

㈢第三為郵票說明文字之徹底整理重寫，儘量精簡。在體裁及內容改訂上，皆有改進，每一郵票之主要資料，包括發行及停售日期、票幅及全張構成、設計者及承印者姓名等。

王前總局長叔朋來函慰問

郵政總局王前總局長叔朋現僑居美國，與王公藹雲為多年至友，經筆者函告王公藹雲仙逝，王前總局長特致函一封，囑筆者轉交王公藹雲公子王景明先生收，茲將其函錄述於下：「景明世侄英鑒：弟王叔朋原在台灣郵政總局服務，一九七七年退休，退休後來美與子女家人共同生活，因局方當年匆匆來台，所帶印製資料不全，倖認識　令尊及其他少數集郵人士，共同提供以往印製郵票資料，送給郵政總局參考。郵政總局當即成立研究委員會研究，並聘請　令尊為研究委員，提供許多寶貴意見，經委員會通過，並經局方採納，編入郵政總局於民國五十五年（西曆一九六六年）出版之「中國郵票目錄」，目錄問世後全國集郵人士及一般郵政用戶均表讚賞，嗣後逐年修正改編，內容更加充實。弟與　令尊數十年來均保持聯繫，經常通信問候，　令尊為人誠璞，不多言，言必有道，為郵政同人所欽佩之良友。今高壽西歸，人人痛悼。弟與　令尊結交六十年，畢生獲益良多（弟今年亦已九十五足歲），茲隨函奉上薄禮，請備香花之祭，略申悲痛之情。弟在台自中華郵政退休後三年，於一九八〇年來美定居，經常至華人基督教會崇拜，生活尚稱平靜。兄為老友心愛之獨子，惜未有機會晤聚家常，甚感歉然，匆此草草申意，並祝健康平安。

弟王叔朋手上二〇〇四年八月十日」。

原載民國九十三年「今日郵政」月刊第五六二期

悼念對郵政深具貢獻的集郵家黃建斌先生

驚悉爲國內外郵壇所敬崇，對郵政深具貢獻的集郵家，亦爲筆者至友的前建國中學校長黃建斌先生，已不幸於本年五月廿七日在台北病故，享年七十八歲，令人無限痛悼與追思。

黃校長體態堪稱魁偉，素尚康健，豪於飲，爲人爽直信誠。自去春起，即聞其身體違和。筆者於去年四月十三日，應邀與集郵家陳繼勳先生及朱守一先生等，在郵政博物館共爲福壽郵展剪綵開幕後，曾聯袂前往探視黃校長，其在家療養，自謂因造血機能不健全導致血小板不足，每週須至醫院輸血一次，行動稍有不便，但精神尚佳。

郵政總局於去年十月下旬在台北市舉辦的第十屆亞洲國際郵展中，黃校長應聘爲郵展會評審委員會主席，聞曾出席主持評審工作，正慶幸其病體可能已康復，惟於今年初筆者收到其寄來新年賀卡中，見其親筆附書：「年來弟爲二豎所困，深以爲苦，尚不知能度過九七年否？」，閱後又爲其健康耽憂，茲卒如其自料，未能度過，悲乎！

黃校長建斌先生，別號綠園，南京市人，畢業於國立政治大學，曾在美國哥倫比亞大學研究，爲一享譽國內外郵壇之著名集郵家，郵識豐富，僉認爲是我國大龍郵票及紅印花郵票之權威。其生前所擁有之大龍郵集，價値連城，罕無其匹。我國華郵第一古封，也是最名貴的大龍實寄封，即公元一八七八年十月五日北京寄上海古封，右上端貼大龍郵票薄紙伍分銀票橫雙連及單枚一，亦在其集中。黃校長的大龍郵集，曾屢獲國際郵展金牌大獎，如一九八七年洛杉磯南加州郵展得金牌及特別獎，一九八七年新加坡第三次亞洲國際郵展獲大金牌及特別獎，一九九〇年倫敦世界郵展獲金牌獎等。黃校長對其郵集曾著有「大龍郵票集錦」「大龍郵票封、戳選輯」等專書，並將其所撰「大龍信封存世考初稿」一文，在郵政總局郵政研究所所編印的「郵政研究季刊」裡連載多期，廣受國內外集郵人士之重視。

黃校長於一九七一年獲選爲英國倫敦皇家郵學會（The Royal Philatelic Society, London）會員（member），後於一九八三年又膺選爲該會會士（Fellow），此爲我國集郵家繼郵王周今覺先生以後榮獲該會會士之第一人，筆者曾撰「祝賀黃建斌先生榮膺倫敦皇家郵學會會士」一文，刊登今日郵政月刊第三一二期，向郵壇報導。黃校長又以郵識宏富，爲國際集郵聯合會（F. I. P.）獲得認可之國際郵展評審，亦爲國內郵壇之第一人，近年來屢被聘參加各國舉辦之國際郵展擔任評審工作，爲我郵壇爭光。

黃校長對我郵政貢獻良多，諸承支持。郵政總局於民國四十五年三月二十日編印出版之第一本「中國郵票目錄」，即函聘黃校長爲九位編審委員之一（其他八位爲陳志川、李東園、王藹雲、黨恩來、何炎、王叔朋、施有強、陳蔚文）。其後郵政總局陸續編印中華民國建國八十年版及郵政百年版「中國郵票目錄」以及「中國郵票圖鑑」與「紅印花郵票」等書，黃校長均應聘爲編審委員。至於我郵政總局在台數十年來所舉辦之郵展，如「四海同心郵展」、「軍中郵展」、「百年郵展」、「建國七十年郵展」、「古典郵展」以及兩次「亞洲國際郵展」，莫不承其協助支持，邀他擔任郵展會評審委員，均蒙他欣然接受，而且鑒於他郵識卓越，德高望重，曾多次膺任爲郵展會評審委員會副主席，或主席主持評審工作。

筆者未退休前擔任郵政總局集郵中心主任及集郵處處長八年半期間內，曾不時向黃校長請益，均蒙教正賜助，受惠實多，至今銘感難忘。黃校長與筆者，各自從工作崗位上退休後，猶不時往來，成爲好友。兩年前我倆同被郵政總局函聘爲郵政百年版「中國郵票目錄」之編審委員，開會時毗鄰而坐，相談至歡，恍如日昨。茲對如此一位郵壇巨擘及好友之溘逝，實無任哀痛，不勝感慨唏噓，特撰此文，以資悼念，最後禱祝黃校長在天之靈安息。

原載民國八十六年七月「今日郵政」月刊第四七五期

悼念郵王張醫師敏生先生

郵刊載噩耗即馳書函慰

本年七月廿二日收到七月一日出版的「北縣郵訊」，內載「本會五十九號永久會員．中華集郵團體聯合會前理事長張敏生先生，於六月廿五日凌晨辭世，享壽八十一歲，並擇於七月十七日下午一時於鹿港鎮中山路一六四號舉行告別式。」，閱後爲之愕然者久之，即電話詢問老友前中國集郵協會理事長陳繼勳兄，承告知他曾收到訃聞，專程去鹿港參加告別式，並說敏生醫師係於收看電視時，因心肌梗塞而溘逝，筆者認爲如此故世，實爲有福之人。筆者與敏生醫師爲多年老友，在郵政總局任集郵中心主任時，即與其交往並承諸多教益賜助。郵政總局每次舉辦郵展，均承其以珍罕郵集參展捧場，可說無役不與，因之筆者聞噩耗當日，即馳書函慰敏生夫人，請其節哀順變，保重身體，並表示因未獲訃聞，致未克趨前上香祭奠爲憾。

郵藏珍罕宏富享郵王美譽

張敏生醫師為台灣省彰化縣鹿港鎮人，生於民國十三年（公元一九二四年）四月廿七日，懸壺濟世五十餘年，鑽研集郵也長逾四十載。為人熱誠好客，厚恕待人。其擁有郵集，珍罕無比，價值連城。除紅印花四寶，民國四珍等票品外，尚有不少珍貴郵集，如：蟠龍躍鯉飛雁郵集、台灣早期郵票站票郵集、台灣民主國郵集、日據早期軍郵集、中國航空郵票專集、國父郵票專集（集中有一枚國父像紐約版貳圓中心倒印票珍品）、先總統蔣公郵集等等，不勝枚舉，其集藏之珍罕宏富，幾無人能出其項背，因而享有郵王美譽，應屬實至名歸。

郵王八秩壽誕舉辦祝壽郵展

猶憶去年四月廿七日，為郵王八秩大壽，集郵友人陳繼勳、華裕寬、陳炯、蔡英清、何輝慶等十餘人在鹿港為郵王舉辦「張敏生醫師八秩祝壽郵展」，展出其珍貴票品八十框，並印製一枚精美祝壽郵展首日封，上貼萬壽長春張醫師個人郵票一枚，以郵展會臨時郵局日戳蓋銷。同時出版「張敏生醫師八秩祝壽郵展暨新書發表會」特刊一本。筆者承郵王不棄，獲贈上述祝壽郵展首日封一枚，及上述祝壽郵展暨新書發表會特刊一本。

編著精美專書造福郵壇

郵王對郵壇有一重大貢獻，殊值稱道，即其曾編著不少本印製裝潢精美的有關集郵專書，如民國七十三年四月「鹿港開港二百週年紀念郵展特刊」、民國七十九年一月「中華民國自強郵展回想記——回顧十五年連展，張敏生手記」、「紅印花郵票選粹」（惜未註明印製日期）、民國九十一年四月「坐七望八郵封譚」、民國九十二年四月「紅印花郵票暨民初四珍——零參年紀念版」等，造福郵壇。

自強郵展共十五屆

上述專書中，尤值一述者，厥爲「中華民國自強郵展回想記——回顧十五年連展，張敏生手記」。按自強郵展爲台灣民間集郵團體所聯合主辦，郵政總局從旁贊助。我國自民國六十年退出聯合國後，外交上形勢孤立，當時中國集郵協會理事長黃履中先生、中興郵學會理事長沈示偉先生等集郵前輩，提議國內郵人應和諧團結，莊敬自強，聯合全國各郵會舉辦郵展，命名爲「中華民國自強郵票展覽會」，簡稱「自強郵展」，每年舉辦一次，在各地由各郵會輪流主辦。直至民國七十七年九月廿五日舉辦第十五屆爲止，因該年中國集郵協會代表我國郵壇獲准加入國際集郵聯合會（簡稱 FIP）。由於與國際郵壇增進關係，不應囿於中華民國之內口喊「自強」，而應擴大視野、放眼全球，廣交各國郵人，並以國際慣例舉辦郵展，因此「自強郵展」自該年舉辦第十五屆後，即告結束而停辦。

代表局方多次贈獎郵王

自強郵展開始舉辦時，筆者己在郵政總局任集郵中心主任，有幸多次代表局方參與盛會。第八屆自強郵展在宜蘭舉辦時，筆者曾代表簡總局長爾康頒贈特別獎給郵王張醫師。第九屆在屏東舉辦時，筆者曾代表郵展當局頒贈金牌獎給郵王夫人。第十一屆在彰化縣舉辦時，筆者曾以郵政總局副局長身分代表郵展會頒贈自強大獎給郵王張醫師。又該屆郵展開幕典禮，筆者有幸受邀，會同當時彰化縣長黃石城先生爲郵展會剪綵，黃縣長爲筆者東吳大學同班學長。第十三屆於高雄市舉辦時，筆者又以郵政總局副局長身分代表郵展會頒贈自強大獎與郵王。直至民國七十六年三月，筆者屆齡退休，始無緣參與以後各屆自強郵展盛會。當時建議舉辦「自強郵展」之兩位集郵前輩黃履中與沈示偉先生，則早己歸道山，不勝感慨唏噓。

鹿港郵人雅集將成絕響

郵王張醫師熱誠好客，於一九六〇年元旦，曾邀請全國集郵同好，在鹿港舉行首次郵人雅集，以後每十年舉辦一次。筆者在職時，曾蒙寵邀參與一次。至二〇〇〇年一月一日，筆者雖己退休多年，受邀追隨老友陳繼勳先生至鹿港參與盛會，到臨郵人甚夥，濟濟一堂，就記憶所及有俞兆年、朱守一、蔡英清、何輝慶、周鵬明、袁靜淵、王忠振、李文亮、周一中等，筆者還蒙寵邀上台致詞，其後老友繼勳兄亦登台講話，他建議郵王將每十年一次鹿港郵人雅集縮短改為每隔五年一次，在是次鹿港郵人雅集盛會中，筆者與張醫師及繼勳兄曾合攝一影。茲張醫師不幸仙逝，此項雅集盛會將成絕響矣！郵王之故世，實為郵壇莫大之損失。又其逝世，在告別式當天，我中華郵政公司彰化郵局特為其刊印「永懷張敏生醫師追思活動」首日封。

郵王郵集獲得之獎譽

末了，茲將郵王張醫師敏生先生所擁有之珍罕郵集，歷年來在國際郵展上所獲得之獎譽列述於下，作為本文之結束：

一、一九七八年中國郵票發行百年紀念郵展獲全場最佳獎

二、一九八一年中華民國建國七十年郵展獲國家大獎。

三、一九九〇年倫敦世界郵展獲金牌獎另附加獎。

四、一九九〇年紐西蘭世界郵展獲金牌獎。

五、一九九一年日本東京世界郵展獲金牌獎。

六、一九九二年吉隆坡亞洲郵票邀請展獲金牌獎

七、一九九三年台北亞洲郵票邀請展獲大金牌獎、全場最佳獎。

八、一九九四年香港郵展獲大金牌獎另附加獎。

九、二〇〇一年日本東京世界郵展獲大金牌獎。

原載民國九十三年八月「今日郵政」月刊第五六〇期

憶念郵政攝影大師劉葆欽前輩

光復後來台　任攝錄組長

我郵政攝影大師劉葆欽前輩，是福建省閩清縣人，民前一年十月十日出生。民國十九年六月九日考進郵政，台灣省光復後，劉大師於民國卅五年五月間來台工作。後在台灣郵政管理局設計研究委員會秘書室任攝映錄音組組長，當時秘書室主任是鮑公伯玉，秘書是徐公荷前輩。攝錄組組員有陳接枝、吳呈芳及黃博雄等。

亦愛好攝影　自設暗房沖洗

筆者亦於民國三十五年五月間與劉大師先後數日抵台，也愛好攝影，且於所住日式房屋內，將一紙門壁櫃改作為暗房，自行沖洗軟片及照片，並購置一台日製名牌放大照片機器。因志趣相同，時向劉大師請益。筆者於民國三十六年結婚時，還承劉大師拍攝結婚照片。

又民國卅五年與筆者同乘國營招商局海宿號貨輪來台浙江郵區同仁汪承運、毛奎吉、陳維星、阮齊國、姚林章、劉紹忠、余學錦、潘月波、林福珍等人中，余學錦兄也愛好攝影，且有攝影天分，爲劉大師所欽佩，我們三人時在一起研究切磋攝影技術，成爲莫逆。我們曾於民國卅七年在台北市牯嶺街余學錦兄住處中合攝一影留念，余兄於民國三十八年大陸情勢逆轉變色前，與潘月波兄申請自費調返浙區杭州，余兄還因在台拍攝過美女泳裝暴露照片，而遭共方指責認爲是資產階級行爲，被下放做過苦工。

因健康受損　忍痛放棄沖洗

筆者則因太熱衷於攝洗沖放照片，每弄至深更半夜，健康受損，一度因患肺結核而住院匝月，不得不忍痛放棄此一攝洗沖放照片愛好，一具日製名牌放大機器還承劉大師爲局方收購爲攝錄組之設備。

享譽郵壇　培養接班人

劉大師因局內工作職責悠關繼續鑽研攝錄技術，直至屆齡榮退時爲止。他曾享譽攝影界及郵壇，其拍攝故宮博物院古物及古畫郵票，爲故宮及集郵人士所一致信賴、肯定與稱道。

劉大師於榮退前，曾培養造就兩位攝錄故宮古物古畫郵票之接班人員吳呈芳與黃博雄等兩人，他倆確獲得劉大師之眞傳，攝錄技術可說與劉大師無甚軒輊。惜吳呈芳兄英年早逝，黃博雄兄爲碩果僅存者，亦已榮退。

郵局榮退後　僑居加拿大

劉大師由郵局榮退後不久，即僑居加拿大多倫多，民國八十四年四月間筆者曾接浙區同船來台之劉紹忠兄寄來劉大師一家在其家作客所拍合照一張，該時劉大師已嵩年八十五歲，胖嘟嘟的臉，身體尚健朗。

筆者接此一珍貴照片後，曾復函紹忠兄道謝，並附去民國卅七年筆者與劉大師及余學錦兄等在余兄台北市牯嶺街家中所合攝照片影印本一張，紹忠兄來信說，劉大師睹此五十多年前合照，曾哈哈大笑，至爲歡欣。日前筆者曾聽劉大師同鄉林志夏兄電話告知，劉大師晚年曾患巴金森病，後聞劉大師在僑居地仙逝，令老友傷痛不已。

「近仁隨筆」獲旅美前輩謬賞

拙書「近仁隨筆」獲旅美前輩前郵政總局長王公叔朋、本會前會長王公振世及鮑公伯玉、葉茂、唐聲榮、王必模、陳斌、黃友楚等前輩老友來函謬讚，並述及近況與美國「九一一」恐怖事件，茲錄述數位老友來函於下，以供察閱：

一、王前總局長叔朋：

承惠贈大作「近仁隨筆」，早己收到，並拜讀了其中大作數篇「中華郵政事業之有效經營及獲致盈利的探討」等，說明現代郵政如何開始，數十年努力經營，漸漸獲得民間信賴，郵局內部人事制度確立，使事業基礎日益堅固，主要原因局內員工生活安定，工作職位可由考試慢慢升遷，人人有希望，只要自己勤奮工作，誠懇做事，前途很光明，用不著亂找關係，同時主持事業高層人員，大都係逐步經過考試升遷上來，所謂內行管內行，親切確實，工作效率高，事業年有盈餘，確係實情，大作中提出了很多資料，可資證明，甚爲欽佩。其他文章如在集郵崗位上一些往事，來台五十年憶舊與感言等，寫得都非常好，讀來令人欣喜。幼愚兄來美後己與弟在電話上交談過，他一切很好，現在暫住兒子家，約一、二月後再去別處。自九月十一日反動份子發動攻擊，美國死亡及失蹤人數已達六千多人，這是空前浩大災禍，美國總統再三宣告一定要討還公道，目前海軍己動員向中東集結，如要求交出禍首不順利，美國會發動大規模攻擊，大戰可能開始。費城尚平靜，紐約則很緊張，布希總統上台以來，經濟、股市、失業等均不順利，又碰上反動攻擊大勢，實在很苦。弟及內人生活平靜，仍忙些教會工作，身體尚可。匆復即頌

健安。　　弟王叔朋手啓九月廿二日

內人附候

函內述及最近與陳維星、阮齊國兄等出遊大陸齊魯之遊，至曲阜謁孔廟孔林，令人神往，非常好，甚爲羡慕。

二、鮑伯玉前輩伉儷：

收到「近仁隨筆」大作，十分高興，因爲內容事物十之八九，爲弟同所經歷，所以特別感到有興趣，其中在「郵人天地」及「會訊」中的若干節，因爲弟旅美最初十數年中未曾收到這二種刊物，所以還是第一次讀到，特別感到親切。弟在抗戰初曾因籌辦錢塘江北岸游擊區軍郵戰地郵站事宜，派駐紹興半年之久，故對釀酒及嵊縣都不陌生，在此特別感謝你的贈書，並祝

康健快樂

弟伯玉，家韞　同敬上
二〇〇一、九、廿一

三、本會王前會長振世：

八十七年底承吾兄賜贈「寰宇遊蹤」，拜讀之餘，曷勝欽佩，郵界同仁，除潘安生外，吾兄文筆流暢多姿，可讀之處甚多。茲又蒙寄贈「近仁隨筆」一册，內容引起甚多回憶，而吾兄對嫂夫人一往情深，雖先走一步，吾兄念念不忘，亦是性情中人，深爲欽佩。上月納莉颱風，襲擊北部帶來嚴重水災，破百年來洪水紀錄，幸吾兄居住三樓，未受淹水之苦，而停電斷水，深受不便，實台灣之罕見災情。而在美國，上月十一日，紐約世貿大廈及五角大廈，遭回教阿拉伯暴徒，劫民航機自殺式撞擊，造成五千多人死傷，亦是罕見災情。匆祝：合府康寧！

弟振世拜上　九十年十月四日

四、前輩葉茂先生：

接奉大作「近仁隨筆」，手不釋卷，拜讀一過，無任興奮，吾兄記憶力強，搜集又廣，能成巨著，決非偶然，才氣橫溢，令人欣佩不已。今年欣逢吾兄八十大壽，未知月日，謹此祝賀長命

百歲。吾兄文筆健暢，盍「自撰八十年譜」或「八十回憶」，以饗親友世人。弟疏懶成性，未嘗通候，多祈見諒。耑此申謝，並頌

時祺

弟 葉茂 頓首

二〇〇一、九、廿五于LA

內人附候

又黃友楚老友來函中除謬讚拙書外，並對「生死」兩字作了兩首打油詩，頗具哲理，特錄供參考欣賞：

「生」寓「牛」與「一」，出力供乳液，還獻骨肉皮，從來不怨逆；

「死」若「一」「夕」「已」，長睡不再起，煩惱已脫離，永遠享安息。

從我的另一半說起——甜蜜回憶四十年

（本文專為我所愛的芷及子女們所寫）

時光如駛，我與我的另一半，轉瞬間已攜手共同渡過了將近半個世紀的歲月，客歲承雲、青兩兒及珂、暖兩媳為我倆慶祝結婚四十週年的所謂「紅寶石婚」（Ruby Wedding），兩位可愛的孫女，長芷華十一歲，幼維珊纔數個月，幫忙奶奶爺爺共同吹熄蛋糕上的蠟燭，其樂融融。小女佩蘭其婿金田及莞迪、莞晶倆位小外孫女遠在美國，未能歡聚一堂為憾。

我係於民國三十五年五月，隻身由浙江杭州經上海，乘海宿輪渡海來台，接收光復後的台灣郵政，迄今倏忽已四十餘寒暑。當時二十剛出頭的年輕小伙子，今已成為年逾花甲的老翁，並已自郵政事業退休，回首往塵，不勝感慨。

我的另一半為台北市艋舺人，姓謝，芳名罔市，「夢芷」是我專為她而取的別號。我深以能與她相識，攜手共渡美好的人生為幸。四十餘年來能互敬互諒，同甘共苦，並相互勉勵，家庭及事業，均稍有所成，生活堪稱美滿，身體亦尚健朗，而子女媳婿等均甚賢孝，人生若斯，夫復何求。

初識我的另一半，係在台北市植物園，即今國立歷史博物館，在光復初期，原為台灣郵電管理局台北儲金管理所，我到台後即奉派與同船來台的馮軍聲及林福珍等兩位共至該所接收，所長為日籍左藤邊貫一，不懂我國語言，我等亦未諳日語，當時該所百餘員工，能講國語者甚少，其中以我的另一半為最佳，因伊於台灣一光復，即勤加補習，且資質聰穎，異於常人，已能以國語交談應付，因此被邀作所長之翻譯。她初見我等，有點膽怯，稍露羞態，白晳臉上泛出一絲紅潤。那日她身著白底紅細條子的旗袍，娟秀清麗，弱不經風，給我印象良佳，可說一見鍾情，迄今記憶猶新。

我倆相識後即頻約會，曾去草山（後改名為陽明山）賞花、碧潭划船、指南宮拜佛、板橋林家花園探幽，渡過甜密美好的時光。三十六年初，二二八事變，我與同船來台好友阮齊國、潘安生、林福珍、陳斌、沈錫春等被困東門町支局單身宿舍（今已變建為臨沂街郵務長公寓），承我的另一半不時來通報消息與慰問，並贈送食品等。

她勤奮好學，於工作之餘，曾偕其好友在台灣銀行服務之郭碧月小姐至長安西路一夜間補習班讀英文，我恒往保護，接送回其貴陽街之家，有時相約去附近吃紅豆冰或冰淇淋。嗣後不久，我這外省籍子弟，即為其父兄母姊所接納，得能共譜秦晉之好，假中山堂舉行婚禮，築居於同安街八十六巷七號。三十七年長子凌雲出生，逾二年又獲一女，取名佩蘭，有子又有女，內心欣喜萬狀，至感滿足，曾僱女傭，加以照料，幫忙家務。

我的另一半，因家庭亦不寬裕，在日據時期，僅讀至龍山國民學校，由於懍賦異常，讀書成績優異，冠於全班，頗受日籍老師之器重，歷任班長。後因限於家庭經濟，未能繼續升學，爲其終身憾事，常說肚裏墨水少了些。惟其心思細密，智力勝我多多，歷應省籍員工歸班測驗，及郵務佐升等考試，均輕易過關。她原未曾學過代數幾何，爲應付升等，經我臨時教導爲其惡補，竟一試獲售。四十六年，懷著次子青兒，在大腹便便中參加高級郵務員考試，筆試成績榮獲第一，出人意表，勝過同試之大陸來台同仁。考試科目中之國際公法及民法等，她亦未曾在學校念過，全靠自習，我不過從旁稍加提示重點所在，而均能得到八、九十分之高分，由此可見，她的腦筋確高人一等，爲我所深深欽佩的。

我的另一半，主持家計，能克勤克儉，量入爲出，生活得以無虞，且稍有積蓄。對子女又能妥爲照料教育，善盡母職，使我無後顧之憂。民國四十年我應高員考試及四十二年參加全國高等考試財政金融人員考試，始能以全副精力準備，心無旁鶩，並予我不斷鼓勵，因此得能前後成功，而且後者高考，竟榮獲榜首，全係我的另一半之功，應予衷心感激。

我爲農家子弟，先祖父名雨松，諱明彩。祖父在世時家道殷實，田產衆多，望重鄉里，鄰近村莊，凡有糾紛，每可由先祖父一言而解。祖父有三子，長、次子均務農、幼子德安則畢業於浙江大學農學院。先祖父豪於飲，我家全盛時期，每年自釀紹興酒七大缸，缸之大小，如古文中司馬光救文彥博的水缸一樣。農耕時即耕牛飲水中也加攙紹興酒，俾增加耕牛的氣力。先祖父日飲酒五次，除三餐外，上午十時及下午三時左右，尙各飲一次，飲酒係用瓷器大碗，因當時尙無今日之精緻玻璃酒杯。我之能稍飲三兩杯，乃得之於先祖父的遺傳。我先父名錫政，母裘氏，爲崇仁鎭望族之女，嫁粧優於妯娌，爲一賢妻良母型之淑女，惜先父性嗜賭，罔顧家計，迨祖父亡故，家道即告中落，我幼年時曾幫忙牧牛割草，幸先叔奉祖父遺命，培植我讀書，嬸母亦視我如已出。憶嬸母來歸時，我僅四齡，因先叔婚後匝月，即外出做事，先祖父母爲解新婚之嬸母寂寞，即命我陪侍嬸母同睡，以後即追隨嬸母生活，以至於長。五歲時，嬸母至崇仁鎭讀女校住宿，我亦曾陪同前往。民國二十三年，先叔在杭州任浙江大學附屬農林場場長，嬸母帶潔君及新生纔數月之平君等兩女，同在先叔任所，我於該年在嵊縣縣立二載中心小學畢業後，先叔叫我前去杭州讀初中，我時年僅十二歲，隻身乘汽車前往，叔命在農林場工作之新潮堂弟父親德全伯，在錢塘江邊車站接我。我們居住在萬松嶺半山上，可俯視杭州全城及美麗的西子湖，景緻旖旎。我就讀清波中學，早出晚歸。後先叔調往江蘇省金壇工作，嬸母帶二女回嵊縣宋家墩老家，我則轉學至浙江省立紹興初級中學住校續學。在杭州那一年，爲嬸母一生中生活最美滿的日子，亦爲我最值得回憶的辰光。叔嬸離多聚少，而先叔於盛年即離嬸而去，留下年幼子女三人，由嬸獨撐家計，實堪憐憫。幸是時先祖母尙健在，陪伴嬸母，予以精神上之支持。

民國二十六年，我以最優異成績首名畢業於紹中，是年秋，浙江省教育當局，鑒於紹屬八縣，無一所省立高中，乃將省立紹興初級中學，升格改制為高級中學，向外招生，紹屬各縣初中畢業生聞訊，群往報考，我有幸又以第一名錄取，並獲得公費生待遇，凡住校食宿、書籍、制服及宿舍內被帳盥洗用具等均屬免費，後於日軍壓境及逃難疏遷聲中畢業，居家半年，再承德全伯陪同遠赴浙江省最南端與福建省交界處的龍泉，前往投靠叔父及報考大學。龍泉距嵊縣故鄉約八百華里，戰時交通困難，無汽車可乘，不得不長途跋涉，翻山越嶺，曉行夜宿，日奔七、八十里，約十餘天始行抵達。時先叔任龍泉縣立農林場場長。該年秋天，我考入浙江大學龍泉分校理學院讀書，不意先叔於十二月廿七日以傷寒帶痢疾，病逝任所，享年僅三十六歲。我不得不中途輟學扶叔柩返鄉安葬。陪侍孀母年餘，其間曾在孀母娘家馬仁村小學執教。三十二年重赴龍泉，考入浙江郵政管理局辦事處為乙等郵務員，獻身郵政事業。三十四年對日抗戰勝利，復員至杭州，次年春應郵政總局徵召，來台接收郵政。

因先叔早逝，未能完成大學教育，午夜夢迴，每耿耿於懷，難以自釋。四十四年秋，東吳大學在台復校，乃乘機毅然前往投考，考進夜間部法律系就讀。由於曾深受中途輟學之苦，因此抓住機會，發憤用功。雖白天上班，晚間上學，相當辛苦，口內時生破洞，飲水噍食，也痛不堪言，但精神上並不以為苦。在學成績，冠於全班，每學期常得獎學金，第一名為新台幣三八〇元，在當時幣值，不是一筆小數目，不無小補。我的成績單及獎學金通知單，學校總寄給我的另一半，因她是我這位學生的家長。四十八年畢業時，以成績特優，蒙學校當局推薦為斐陶斐榮譽學會會員，深感榮幸。其後又承我的另一半之鼓勵與許可，考入教育部歐洲語文中心進修法文，夜間假台灣大學教室上課，爲時亦達數年之久。又進過徐州路語言中心及羅斯福路清華英語電話教學中心讀英文，所以晚上在十時以前，家中常見不到我的影子，讓我的另一半單獨照顧幼小兒女及家中一切，深覺抱歉與感激。

我的另一半，頗有運動細胞，曾在三十年前得過全省郵政員工桌球比賽女子單打冠軍，也曾馳騁羽球場十餘年，獲得郵政羽球后冠，擔任郵政女子羽球隊隊長多年，率隊參加外界比賽，南征北討，每有良好成績表演，其間還曾一度代表台北縣羽球隊，參加過台灣省運。後來她認爲經常打羽球，右手臂會特別粗壯，影響美觀，乃於八、九年前遽從羽球場上退出，我深深爲她惋惜。我覺得如打羽球不輟，可常保青春美麗健康，於身材方面也會保持苗條，不會向横的方向發展，我雖曾勸過幾次，終未獲接納爲憾，否則組織一組長春組雙打夫妻檔，倒也不差。

我的另一半於停打羽球後，將她的愛好移轉到跳土風舞上，至今仍熱衷不衰。當初係受陳定芬小姐之慫恿，大約於民國六十八、九年間，她倆先到師大體育場去跳，因我的另一半身材較陳爲高，於雙人舞時充作男伴，由於男女步法不同，後來她想再改作女的來適應我，對己往數年所跳的舞要全部放棄，就覺得有點可惜，所以她至今仍繼續跳男的。她對老師所教每隻新舞，都將步法筆記下來，日積月累，她的土風舞筆記本，已有厚厚的很多本。有時她發現老師今日所教的與上次所教者不同，她就會提醒老師注意，老師也不以爲杵，反會戲謔的說：「記筆記的不會錯」。她又長期訂閱一本「弦歌」月刊，是專門有關土風舞的雜誌。老師每次新出土風舞錄音帶，她總買一卷來收藏。後來她嫌師大土風舞班不夠高級，就轉到中正紀念堂公園曹國勝老師的班，每晨風雨無阻去跳土風舞，我則陪她一同前往，在公園內散步或打打羽球。到七十二、三年間，我因受不住曹老師伉儷的再三遊說與引誘，終於下海參加，先從初級班學起。我倆曾於七十三年應吳迺麟老師力邀，在台視五燈獎節目裏露了一下，合跳一隻瑞士土風舞「一隻襪子」，得到四個燈二十分的高分，震驚局內同仁及親朋友好友，留下人生美好的回憶。

我的另一半於烹飪方面，並不愛好。有時於沒有女傭時，只好下廚做菜。她曾做過傅培梅的學生，所以做菜也能露兩手，但她是慢工出細貨，兒女們肚皮餓急了就會去催媽媽，雲兒常會說：「媽，已經這麼久了，怎麼一盤菜還沒端出來。」她就會笑著說：「我是先做好一切準備工作，所以較爲費時，現在就快了。」我的另一半，炒的蛋炒飯，最爲我及兒女輩所欣賞，而「八寶鴨」是她拿手絕活好菜，己馳譽到美國小女家，但她是不肯輕易露這一手的。及至珂、暖兩媳先後進門，她就遠離庖廚了。

我的性情較急，重視時間觀念，約好時間，寧願早幾分鐘到達，因等人是最焦急不過的事，而我的另一半，她的脾氣還算不錯，凡事慢吞吞的。憶我倆初識約會，她恒常遲到，總讓我苦等，有時也因此而口角鬧意見，但每次過後，都會雨過天晴。她這項老毛病到結婚後還是不能改，遇喜慶應酬，她爲細心打扮化粧，遲遲未能出門，總得催一催，有時我還不敢明催，怕她生氣，只好耐心的等，當然，遲到幾分鐘，是無傷大雅的。

我自幼因家境困苦，養成節儉習慣，說得不好聽的，就是用錢比較小氣一點。而我的另一半，則似較我爲大方，該用則用，絕不吝嗇。我生平最怕管錢，所以每次發薪，總將薪水袋原封不動的交給她，由她去保管處理，我如要錢用，她會毫不猶豫地也不打折扣地照給，且從不嚕嗦，亦不過問作何用途，大家對錢財能互相信任。她理財確高我一等，今日我們能有金山街高級住宅居住，端是她創意與辛苦張羅的功，應値衷心感謝。

我倆相處四十餘年，從不動粗，亦不講重話，以免傷對方的心。間有意見不合，多以靜默相對，互不說話，但每每我憋不住，先向她說話賠不是，也就和好如初。唯有一次，要遠溯到三十多年前，我們還住在同安街的時候，有一天晚上，不知何故，起了爭吵，當時我大約年少氣盛，經經的在她玉臂上碰了一下，她即嚷說我打了她，要離家出走，雲兒約五歲光景，看媽媽要走，他也背起小書包，要跟媽媽一起走，而蘭兒因還太小，呆呆的立在旁邊不知所措，後經我趕緊攔住大門，並頻說好話，陪不是，總算挽回了我另一半的心，此事每一提起，她就說我打老婆的光榮紀錄，有時還一面用英文說：「glorious record」來糗我，可算是我倆人生中一段有趣的揷曲，値得回味。

今天，我的另一半，已升任郵務長，是本省藉女同事中第一位獲此資位，目前是台灣北區郵政管理局副局長，爲萬餘員工掌管財務，職責重大，局中同仁以及她舊時許多老朋友，莫不尊稱她爲「女強人」。而我則於去年春屆齡從郵政總局第一副局長兼郵政儲金匯業局局長職位上退休，服務郵政垂四十二年，退休時曾蒙交通部連部長戰頒授交通獎章，又承中央頒發華夏獎章，無任榮寵。同時因我在擔任郵政總局集郵處處長八年多任期內，對集郵人士熱忱服務與協助，因此於我退休後次日，即七十六年三月一日午，由中國集郵協會陳理事長繼勳兄發起，假座三普大飯店爲我舉辦盛大榮休惜別茶會，參加者有國內外集郵團體負責人及集郵朋友一百五十餘人，有的還遠道從高雄、花、東等地趕來參加，盛況空前，並贈送珍貴紀念品給我，感人至深，應予一記。此外，我因負責籌辦慶祝建國七十年國際性大規模郵展，卓著成效，享譽國際，曾榮獲行政院孫院長運璿代表蔣總統經國頒發中央機關七十年保舉最優人員榮譽紀念章一座，終身引以爲榮。

至於我倆的子女，忠厚老實，安分守已，各已婚嫁，成家立業。長子凌雲服務公職，現任副主管，愛好奕棋，有一女，於今秋入崇光女中讀書，美麗而聰明。幼子青雲，在電視傳播事業上求發展，性喜垂釣，亦有一女，才週歲餘，活潑可愛。女佩蘭，於六十三年，偕其夫婿赴美深造，學成後留在美工作，各考取美國會計師（CPA），已獲得美國公民。現有兩女，長名莞迪（Jinnie），即將八歲，幼莞晶（Lannie）六歲，兩小姊妹均聰美伶俐，在美國小學讀書。我們的長孫女及這兩位小外孫女都從小學習鋼琴，頗有天分，也都曾上台表演。而小外孫女莞晶，於四歲時還在美國電視上露臉奏鋼琴，更爲難能。

總之，我倆可資回憶敘述的，實在太多，我想留到金婚，甚至鑽石婚，兒孫輩再爲我倆大慶時再細談吧！請問我親愛的另一半，您看如何？

近仁撰於美國奧克拉荷馬州滔沙市小女佩蘭家

中華民國七十七年十月卅一日

謹向集郵界敬致誠摯的謝忱

鄙人於本年三月一日屆齡退休，退出所服務郵政事業的陣營，承蒙好友中國集郵協會理事長陳繼勳先生之發起，於是日下午一時半假座台北市三普大飯店十五樓爲鄙人退休舉行盛大紀念茶會，參加集郵團體除中國集郵協會外，計有：高雄市寶島郵學會、台南市郵學會、嘉義市郵協會、彰化縣郵學會、台中市中興郵學會、台北縣集郵學會、宜蘭縣集郵學會、中華民國方寸會、中國專題郵會、中國集郵協會屏東縣分會、美國中華郵票會中華民國分會、香港尖沙咀集郵中心、菲律賓華僑郵學會、新加坡集郵協會、新加坡牛車水集郵會、新加坡菜市集郵會、全日本郵趣連合、日本郵趣協會、韓國郵趣連合等，至列名集郵家計有孔令鑫先生等一百六十六人（芳名請閱本年三月中國集郵協會會務簡訊月刊第二四六期）。

是日茶會由陳理事長繼勳兄主持，郵政總局有汪總局長承運兄及潘前副總局長安生兄亦蒞臨指導，集郵先進及好友與會者一百多人，至具盛況。其中有遠道自高雄、台南、嘉義、彰化、台中、宜蘭、基隆等地趕來者，尤以集郵專欄名作家周雞老、寶島郵學會名譽理事長沈嘉濟、郵壇權威黃建斌，吳樂園等諸位先生及各郵會理事長均撥冗光臨，此種盛情，令人衷心感激，並覺萬分榮寵。茶會主席繼勳兄，汪總局長、中國專題郵會俞理事長子敏學長、台北縣集郵學會楊理事長志華兄等於會中相繼致辭，對鄙人諸多獎飾溢譽，愧不敢當。茶會時又蒙列名集郵人士賜贈珍貴紀念禮品，繼勳兄夫人鄭玉梅女士親繪長幅國畫竹鳥圖一幅相贈，更銘感五內。鄙人母校吳東大學集郵筆友社致送紀念銀盾一座，上鐫「東吳之光」四字，並以「鴻鱗集」創刊號為鄙人的退休作為紀念，其情自將永銘心版。再者，中國集郵協會第二四六期內刊有繼勳兄所撰「集郵之友胡全木先生」及郵文名作家晏星兄所撰「郵壇人緣誰最佳，我的朋友胡全木」兩文，對鄙人亦多所吹噓讚勉，無任銘感。

鄙人服務郵政達四十二年，曾擔任甚多職位及工作，其中以在集郵崗位上服務時間最久，也最為重要。鄙人何幸，得能出任郵政總局集郵中心主任及集郵處處長，自六十三年三月一日至七十一年六月四日止，共計八年三個月零四天，其間結交了甚多位國內外集郵先進與朋友，受他們的指教與協助，得益非淺。如無他們的熱誠支援與賜助，我們舉辦任何郵展，就難想成功，尤以兩次大規模的國際性郵票展覽，即百年郵展與建國七十年郵展，以及國郵內容最為精彩的古典郵展，之所以能獲得空前成功，馳譽國際郵壇，就完全是我們的集郵先進及集郵好友們的功勞。

集郵朋友對鄙人頗有偏愛，歷年來受賜良多，經常寄贈實寄首日封、郵展紀念封及其他集郵品者有劉煥民、余祿祐、沈嘉濟、談爾益、楊志華、鍾鴻麟、陳志春、吳悲塵、陳福欽、陳博舟、萬冠君、王敦仁、陳元祺、朱志平、張國棟、朱靜安、羅宏益、謝炳奎、滕志石、李茂松、江詩群、許亞飛、蔡詩濱、李恭、王忠振、郭柒郎、屠錫琴、唐存政、簡錫章等諸位先生，增加鄙人郵藏，實深銘感，其中尤以方寸會寄來的實寄首日封，上貼有一百元、三百元，甚至五百元面值高額國花郵票者，相當珍貴。

鄙人於七十一年六月間由集郵處處長調任主任秘書，當時中國集郵協會理事長關肇龢先生及總幹事尙衡先生曾於八月七日上午會員大會上贈送我銀盾一座，鐫「惠我郵壇」四字。上款爲「全木處長榮陞紀念」，下款爲「中國集郵協會敬贈」字樣。又於次年四月二十四日下午，蒙集郵朋友於三普大飯店聚會，祝賀鄙人調升郵政儲金匯業局副局長，參加集郵先進及好友有：王藹雲、黃建斌、陳繼勳、徐名標、黃履中、關肇龢、黃秉慈、楊志華、邵國華、程繩祖、何連生、萬冠君、朱志平、唐存政、朱守一、尙衡、徐順生、鄭玉藩、滕志石、林奇、陳端和、白暐、張其寬、張國棟、許耀榮、陳其彬、范振銅、李斌華、張淦生、黃志皓、朱一戒、蔡詩濱、傅慶豐、梁庭勝、江敬鏞、李清盛、寧波人等諸位先生（依錦緞上簽名次序）。同時又承台北縣集郵學會理事長楊志華及當時總幹事許耀榮兩兄代表致贈一座圓型大理石紀念牌，中鐫「鬲德照人」四個紅色大字，上款爲「全木先生榮任郵政儲金匯業局副局長誌慶」，下款爲「中華民國集郵界人士：王藹雲、白暐、何連生、尙衡、朱守一、朱志平、江敬鏞、梁庭勝、唐存政、滕志石、陳繼勳、張國棟、周鵬明、黃秉慈、林奇、黃志皓、萬冠君、朱一戒、徐順生、張其寬、黃履中、黃建斌、傅慶豐、蔡詩濱、范振銅、關肇龢、徐名標、邱國華、程繩祖、鄭玉藩、張淦生、李清盛、陳端和、許耀榮、楊志華同敬賀，中華民國七十二年四月二十四日台北市」。而新加坡集郵家鄙人好友楊少華兄則於是年六月二十日中央日報上刊登祝賀敝人升任儲滙局副局長廣告一則。

多年來，敝人承各集郵專家學者贈送集郵巨著書刊者亦復不少，於郵識之充實與增進，得到很多益處，自應於此詳敘寄贈者芳名及書刊名稱，以表示對他們深切感謝之忱。

贈送者芳名	書刊名稱
李東園	中華民國郵史拾遺
吳樂園	紅印花加蓋郵票專集
黃光城	紅印花小壹圓票存世考圖鑑
張愷升	台灣郵票郵戳郵資史
呂鳳章	紡郵話趣
余祿祐	The Stanley Gibbons Book of Stamps and Stamp Collecting
陳繼勳	中國近期郵票目錄
Philip W. Ireland	The Large Dragons
楊志華	舊刊新讀
	思親樓郵文

張敏生　鹿港開港二百週年紀念郵展特刊

程繩祖　廣州郵刊景印全輯本

郵乘景印全輯本

郵友景印全輯本

中華民國郵政特戳圖錄

天津郵刊景印全輯本

新光郵票會會刊景印全輯本

郵典景印全輯本

近代郵刊景印本

甲戌郵刊景印全輯本

徐祖欽　柳龕郵史叢刊

王忠振　郵乘全印本

郵學月刊全印本

國粹郵刊全印本

勝利郵葉全印本

陳凱和　郵戳通論

黨恩來	集郵理則學 郵政和郵票
陳明德	萱園譚郵
方茂夫	中國首日封目錄七十年版
Fred Blau	The Orient Flight L. Z. 127-Graf Zeppelin
許義宗	世界的兒童觀
韓霽飛	中國片封簡目錄（中文本及英文本）
李庚申	中國近期郵鈔目錄
張淦生	彩色中國早期郵票目錄
呂松亮	中國首日紀念封目錄
林重文	在台出版郵學書刊簡目

至鄙人好友郵文多產作家晏星兄所著於集郵方面之專著與書藉，均承賜贈，誼屬同事，故未予逐一列敘於上表內，當能邀晏星兄之諒宥。此外蒙各郵會各郵刊按期寄贈刊物，並有寄贈合訂本者，謹於此一併致謝。

以上瑣述集郵朋友對鄙人之熱愛事例，難免掛漏，原應逐一肅函申謝，第因限於通信地址欠詳，謹借中國集郵協會會務簡訊篇幅，表示鄙人衷心誠摯感謝之忱，仰祈垂察是幸。

原載七十六年四月中國集郵協會「會務簡訊」第二四七期

謹向集郵界敬致誠摯的謝忱

郵壇人緣誰最佳我的朋友胡全木

（原名潘安生，前郵政總局首席副局長）

晏　星

一、楔子

民國初年，學貫中西的胡適之博士是我國文壇上名望最高的人物之一，大家都以結識胡博士為榮，所以當時在文壇上有一句很流行的口頭禪：「我的朋友胡適之。」

從六十年代至今，海內外集郵同好大概無不知道中華民國郵政總局集郵處長胡全木（James C.M. Hu）的大名，並以與他為友是一種光榮，因此，在郵壇上也常聽說「我的朋友胡全木」這句話。如果郵友們打算為誰奉獻一個「最佳人緣獎」，我認為「眾望所歸」，這個獎是「非君莫屬」了！

二、山陰才子

胡兄是浙江嵊縣人，嵊縣在紹興府，也就是古時的會稽郡，越王勾踐生聚教訓，沼吳復國的基地；書聖王羲之的故鄉亦在此，他的「快雪時晴」一帖，「蘭亭修禊」一序，都成了中華文化的「國寶」。所謂「山陰道上，目不暇接」的自然風光，令人神往，也就這個地方。此地自古以來，孕育的人才允文允武，不計其數。胡兄當然也是山陰才子之一。

民國十一年，「我的朋友胡全木」出生在「人傑地靈」的紹興；三十四年考進郵局，到今年為郵政服務將近四十二年。在他悠久而輝煌的從郵經歷中，所曾擔任的職位，包括郵政管理局的組長、副科長和秘書；接著升任郵政儲金匯業局業務處和匯兌處的副處長，郵政總局總務處副處長，秘書室秘書，集郵中心主任，集郵處處長和主任秘書。自民國七十二年起升任郵政儲金匯業局副局長，翌年再升為郵政總局副局長兼郵政儲金匯業局局長，以迄如今。

三、「三千個春天」

以上，胡兄歷任的職務中，據他自己分析：應以在集郵部門的任期最長，也最值得懷念。他曾在「今日郵政」月刊上，自三三九期起，連續發表了他在這一段時期中的回憶錄，題目是：「在集郵崗位上三千天的美好回憶」。他說：「筆者在集郵崗位上工作共八年三個月零五天，計算日子達三千多天，是歷任集郵中心主任（處長）中任期最長的一位。這三千多天可說是我一生中最值得回味及追憶的日子，也是我人生中最重要的階段，多彩多姿，其間結交了不少國內外的集郵朋友。」

胡兄在筆下提到了「以郵會友」之樂，可謂深獲我心。因爲我自己在郵政總局擔任供應處處長，與郵票印製有關，久與郵友有切磋琢磨之緣，計自民國六十年九月起到供應處接事，迄六十九年因奉命籌立郵政研究所而調離，前後在供應處的日子，涵蓋了十個年頭。這十年裏，跟胡兄主持的集郵業務，密切合作，長達七年之久。

如所週知，就郵票籌印和發行的作業流程而言，供應處所做的是「前半段」，是一齣戲劇上演之前的準備工作；而集郵處則以「鑼鼓開響，名角登場」之後的前台演出爲工作重點。這前後台的默契，非常重要。

四、亦師亦友念楊公

在這裏，我和胡兄都不禁要懷念一位我們共同的老朋友，「老楊公」——楊敏詩先生，海外郵壇都稱他爲「華倫、楊」，因爲他經常寫英文集郵專欄時，用 Warren Yang 爲署名。楊公自五十五年起即主持「集郵中心」，而我於他在任五年之後，始接任供應處。實不相瞞，當時的供應處的郵票發行作業（後台），多半以集郵處的行銷政策（前台）爲依歸。六十年代的郵票，展現了新貌，無論在主題和發行方式上，都有重大的突破，老楊公的「運籌帷幄」之功不可沒，而我在供應處的前幾年，親身感受楊公指導，獲益非淺。

楊公退休，胡兄接棒，當年王總局長叔朋友先生安排的這一局棋，實在部署得很高明，因爲他深知胡兄和我，一向是公誼私交皆極深厚，且已是幾十年的最佳拍檔。所以從六十三年到六十九年，整整七年期間，集郵、供應兩處，水乳交融，在郵票發行和集郵業務的推展方面，都有相當出色的成績。

如前所說，我在郵壇和郵學方面，受益於老楊公很多，而楊公愛出「點子」，每有創意，這一些長處，後來都給我鼓舞，影響到整個集郵工作的導向，深而且遠。事實上，楊公退休以後，胡兄不僅「蕭規曹隨」，而且發揚光大之，我在供應處則繼續以幕後的操作，全力配合發展。

五、郵友遍天下

誠如胡兄在「三千天美好回憶」中所說，他在集郵崗位上八年多彩多姿的日子裏，以結識集郵朋友爲他畢生最大的樂趣。在「今日郵政」連載了四期的那一篇長文裏，讀者們應可獲得一個深刻的印象，他所提到的郵友大名之多，包括國內和海外，從現今健在的到已經物故的，可能有幾百人之多，實可將它看成一部六十年代的「郵壇點將錄」來看。跟他相比，恐怕在郵壇上沒有任何人的「人緣」比他更好。

胡兄之所以有緣與偌多的郵友交識，主要的因素是集郵處的一項特殊職掌——辦理郵展。郵政總局自從民國四十年在台北中山堂首次舉辦大規模的郵票展覽會以來，三十多年間辦理的郵展，內容一次比一次推陳出新，規模一次比一次宏大，尤以最近一、二十年的郵展、小展年年有，大展每隔三年五載必有一次，指不勝屈；不僅有官方主辦的，民間郵會以及學府郵社亦有自辦的展出；集郵風氣的鼎盛，蓋爲有史以來所未曾前見也。

官方主辦的郵展，固然要靠郵壇朋友參展捧場，衆志成城；而由郵會自辦的郵展，如歷年的「自強郵展」，也要靠局方支援人力物力，始克有濟，因此在郵局和郵會之間的關係一天比一天密切，在這中間相互協調奔走者，則全靠集郵處的主管。胡兄適逢其會，聚「天時」「地利」「人和」於一身，眞是幾人能夠與比擬。

關於郵展，三十年來，鄙人也幾乎是無役不從，因此亦深知郵壇友情之溫暖，尤可多識「益友」與「畏友」，但論人緣之好，交際之廣，與胡兄相較，我歎弗如多矣。

郵展之有巡迴展出，始自民國六十年的「建國六十年巡迴郵展」。後來又從國內衍伸到海外巡展；首次在美國紐約聖若望大學展出，是民國六十二年秋天的事，開端之時是由在下「挑大樑」。而這一系列的「從郵票看中華民國」特展，後來交給胡兄接棒，加以充分運用，在國際上展開的所謂「郵票攻勢」，日益發揮宏效，胡兄亦因此爲國宣勞，跋涉奔波，行綜幾乎遍及全球，在他「三千天」回憶大作中，己有詳細記錄，不須贅敘，由此亦可以略知他的「廣結郵緣」，實非偶然！

六、胡兄與我的不解之緣

跟一般郵友相比，胡兄與我特別有緣，在此更不能不一一追敘這一段淵源。

台灣光後之初，我們從上海同時搭乘招商局「海宿號」自由輪，同舟共濟，連袂到台，時在三十五年五月上旬。在郵電管理局時期，我們就開始在郵政業務科同事，科長應國慶先生是我們的老上司。三十八年，郵電分家之後，他繼續留在業務科，我則隨應公調到新成立的設計考核委員會。

四十年代初期，台灣郵政管理局的組織和人事，因新任局長許公季珂的雄才大略，而迭有新貌展現，新成立的秘書室奉命由我主持，該室三位秘書之一，即爲胡兄全木，因此我們又有相聚一堂的機會。「龍非池中物」，胡兄又於不久之後奉調到儲匯局，榮升副處長之職。

五十年代，我亦「驛馬星動」，初因總局有「革新專案」而借調，後又因郵政博物館之由籌設以至於成立，而正式調到總局，五十七年，在交通部孫部長運璿大力推行「管理革新」的號召下，我和胡兄先後被徵召爲主持郵政管理革新的「維新」人物之一，分別主持「工作簡化」和「內部聯繫」項目，又同在應公（主秘）的領導下共事。不久，即奉派由我接任管理革新委員會執行秘書，並兼總局秘書室秘書。

在總局秘書室設置「長級」的秘書——相當於「簡任秘書」，係以「專門委員」的名義兼任—

—此一例開始於我，時在五十七年末。翌年，因爲奉派出席萬國郵盟東京大會，爲荐賢自代，即請當時擔任總局總務處副處長的胡兄代理我的職務。

東京大會畢返國後，我因奉交通部借調赴澳洲辦理太平洋博覽會參展事宜，前後又是好幾個月。在此期間，胡兄代理秘書，遊刃有餘，乃奉派眞除，而我則改任總局設計研究委員會祕書室主任，此爲民國五十九年之事。

「郵人天地」月刊的創刊，原是全木兄在主持「加強內部聯繫」革新時期的倡議，而其編輯事務，初期即由設研會兼理，所以這份「月刊」的誕生和成長，在胡兄和我，都有共同的「成就感」——「郵人天地」今歸「今日郵政社」一併編印發行。

這以後，就緊接著：六十九年九月一日我調長供應處，胡兄於六十三年三月一日接長集郵中心。這兩個部門，本是同根生，所以從此又幾乎是在同一個部門工作，共同爲發展集郵業務的目標而努力。

以上所述胡兄與我，「合久而分，分久又合」的四十年郵誼，說來雖然都是平淡無奇，但人生能有幾個「四十年」，若非有緣，曷克臻此？

七、接棒有人，功成身退

兩年前，胡兄由儲匯局副局長調升郵政總局副局長，接著又兼任儲匯局局長，集郵處長則早

「接棒」有人，也是一位才華洋溢的俊傑人物——王兄威之。我國的集郵事業在楊公和胡兄建設的基礎上，當然不難更上層樓！

胡兄是東吳大學畢業的高材生，因成績優異而為斐陶斐榮譽學會會員，精通中法英三國語文；又曾獲聯合國獎學金保荐赴歐洲比利時研究郵務和儲金；四十二年高等考試財政金融科的榜首是他，並於七十年榮膺為行政院各機關特保成績最優人員之一。

筆名「剡溪」或「凌佩青」的郵文，時見於各郵刊，都是胡兄的大作。他有別號「近仁」，諒取義於「木訥近仁」，以配合他的大名「全木」。我因辦供應，知有紙名曰「全木道林紙」，因而建議他何不用「道林」為筆名，欣蒙同意，亦常用之。「凌佩青」三字是暗嵌者他的三位公子和千金的芳名：凌雲、佩蘭和青雲。我們兩家的兒女從小都是同學，可謂世交。郵政總局出版的一本「郵票與國際文化交流」，是近仁兄與我合著的，就我所知，以兩人的名義合寫一本書，在郵壇還不多見，這也是「哥倆好」的一項見證。

胡兄與我，公餘同在球場，三十餘年如一日。到我於兩年前退休之後，咱們仍是羽球雙打的最佳拍檔，大概是到他退休之後，還要繼續下去的「終身事業」，有生之年，永不分離。說這些話，也許會教咱們的胡大嫂，謝罔市女士也不免引起一點妒羨之意呢！其實謝小姐在羽球場上還是先進。早期的郵政羽球比賽中，胡兄賢伉儷曾有同獲王冠與后冕的紀錄。一門英豪，正如胡夫人現在也是郵務長級的主管，這樣輝煌的紀錄，在郵政史上恐怕是很難被人打破的。

欣聞近仁兄即將於最近期內屆齡榮休，回想兩年前鄙人「畢業」之時，他曾任「今日郵政」三二四期上，特爲我寫惜別之文，感情用事，譽我爲「郵政才子」，愧不承當。一轉眼，輪到他功成身退之日，義不容辭，自當有所回饋，謹以此文，聊申報李之義。但因四十年往事堪憶，一齊湧向筆端，又不知何從說起？思緒紛繁，蕪雜無文。本意在想說他的郵壇人緣，不意又岔入咱們哥倆的特殊緣分，結果不免有一點「相互標榜」的意味，識者請勿見笑是幸。

原載民國七十六年三月今日郵政月刊第三五〇期

好友近仁兄

（原名阮齊國前郵政總局今日郵政社社長）

千　乘

我執筆爲此文時，近仁兄（郵政總局副局長兼郵政儲金匯業局局長胡全木）己確定將於三月一日退休，當遠處海外的一些郵政先進們聽到這一消息時，還以爲是弄錯了，因爲在他們眼中的近仁兄，還是一位「青年才俊」，打羽球、跳土風舞的「小伙子」，怎的一眨眼便要退休了呢？要不說先進們會吃了一驚，即連筆者最初也難以相信，然而事實如此，筆者個人退休也已四年了，江湖子弟催人老，紅粉佳人白髮多，歲月易得，能不令人感嘆？

我與近仁兄雖在臺灣相識，但淵源卻可追溯到抗戰期間的浙江郵區，那時日寇進犯麗水，浙江郵區辦事處遠遷蓋竹，這是一個群山環繞的小村鎮，連地圖上也找不出它的名子，屬龍泉縣，在那兒大約待了一二年。那年，筆者西調重慶總局，近仁兄也在那時入局，由於蓋竹衹是一個小村鎮，驟然遷來了那麼多人，一時難以容納，覓居不易，我走後留下的一小間房屋，即由近仁兄繼續租居。那時我們雖「緣鏗一面」，但卻結了這麼一點點小「緣」。此事我原本不知，這是以後在臺時近仁兄不止一次親口向我述及的，當年往事，每一提及，總是津津樂道，回味無窮。

提到蓋竹，它雖祇是一個小村落，而且交通不便，步行約摸要幾十分鐘方能到達浙閩公路上，但一進入其中，便如世外桃源，渾忘人間紛擾。村中自然沒有甚麼娛樂，但我們年青人卻三五相聚，漫步隴畝間，有時也引吭高歌，更有人擅拉南胡，其音嬝繞，動人幽思。在如此簡陋的物質條件下，我們還演過話劇，有如唱草台戲，今日想來，眞是不可思議。那時我們都入局未久，新入局的同事，女孩子似乎不少，我們雖在一起，但卻不知道去接近她們，眞是不折不扣的「大笨牛」！

來臺以後，我與近仁兄熟識的開始是在教育部歐洲語文中心修習法文的那段時間。原來法文是郵政國際間使用的法定語文，在我郵未退出萬國郵盟以前，國際郵政公署寄來的正式公文以及各種書刊，都以法文爲主。因此，作爲一個郵政人員，法文可說是必要的語文工具之一，也因此我們竟不約而同的考進了這所語文中心，利用下班後晚上的時間，修習法文，己是二十年前的往事了！記得我們一下班便急急趕往羅斯福路臺大（中心係借用臺大教室上課），那時臺大傅園羅斯福路一邊全是小吃店，我們便同在其間吃一碗牛肉麵或吃一些包餃，而後又匆匆地趕赴教室，興味盎然地上法文課。近仁兄與我同班，係該中心的法文進修班第三期。

我們修習法文，並沒有白費。原來萬國郵盟國際郵政公署發行有一全球性的郵政月刊，名叫UNION POSTALE，中譯爲聯郵月刊。其中共使用七種文字，以法文爲主，其他文字，則由法文迻譯而來，中文亦爲其中之一，但中文係由公署就地覓人翻譯，譯文欠佳，甚至文意不明，令人無法卒讀。其後經我郵與公署商洽，改將法文原稿寄臺北我郵負責譯妥再寄回公署刊行。翻譯工作，由當時的視察長邱信亮先生主持，執筆分擔翻譯事務的約有近十位同事，近仁兄與我亦得廁身其中，略盡棉薄，實爲始料所未及。

在我國未退出聯合國前，近仁兄曾被聯合國選派前赴法國研習郵政，爲時半年，後因法國與我無邦交，無法獲得簽證，乃改赴比利時。比利時與法國同爲法語國家，且爲緊鄰，其郵政事務，亦辦得甚爲出色，近仁兄在那裏研習完畢，並訪問歐陸各國，返臺後曾撰擬報告一冊，洋洋灑灑，可說是中華郵政遷臺後一本空前的以法文撰寫的報告，今後恐也難有後繼者了。這本報告，我至今尚保有一冊，以爲我們學習法文的紀念。

筆者與近仁兄在總局共事多年，其間並同在秘書室工作一極短時期，此後他即奉派接長集郵中心，爲時甚久，在他任內，集郵中心，可以說是有聲有色，這幾年我郵所辦的大規模郵展，他是無役不與，且扮演重要角色，也因此結識了不少的郵友，可謂相交遍天下。去年聖誕，我到他辦公室，他的辦公室有兩間，一在總局，一在儲匯局，兩邊的窗台或桌几上，都擺滿了各地寄來的聖誕卡，林林總總，蔚爲大觀，可見他的郵友之多，晏星兄譽其爲「郵壇人緣誰最佳」，洵屬的語。他自己也寫在「集郵崗位上三千天的美好回憶」一文，可見他對集郵工作，至爲懷念。

近仁兄平易近人，甚爲隨和，因此局內同仁人緣亦甚佳。但他並非沒有自己的見解，重要處仍然自有分寸，並不苟同，這一點是筆者所深爲佩服的。

近仁兄除了在集郵方面，有出色的表現外，早年在郵件業務上，也曾盡過全力。那時他在臺灣郵政管理局郵務科服務，當時局長許李珂氏，創辦了很多新業務，在辦法規章的擬訂方面，近仁兄曾展露其才華，得到了上峰的賞識，因此不次拔擢，升調郵政儲金匯業局，這段多年往事，記憶的人恐己不多了！

筆者於民國六十九年三月奉調供應處，當時近仁兄正在集郵中心，這兩個單位，關係至爲密切，那時他在集郵方面，己有多年豐富的經驗，郵友極多，每次來訪，都承他介結與我認識，我才與集郵界的人士，有所接觸。我們的私交，固不必說，公務方面，也極爲融洽，合作愉快。那期間曾發行了幾套風格別具的郵票，如整齣的國劇郵票，中視公司曾爲此特別開了一個紀念會。如牛郎織女郵票，如古典詩詞郵票，在當時都造成高潮，普獲好評。七十一年五月間，我應瑞士哥瓦錫印刷廠之邀，前往考察，並便道訪問歐陸各國我集郵代理商，近仁兄以集郵中心主管身分，欣予支持，經報奉核准，並分函各集郵商知照，這兩個單位合作密切，無分珍域，可以概見。

近仁兄嫂夫人亦是我郵同仁，且是郵政高級人員，不讓近仁兄專美於前。嫂夫人待人熱誠好客，與平易近人的近仁兄更是一對最佳拍擋。

近仁兄喜好甚多，羽毛球、土風舞、書法等等，都爲他所愛好，以往亦曾打過網球，後來才轉入羽球。退休後希望他能從屋頂下走到太陽下，從燈光中步入陽光中，重拾網球拍，則我們可有更多的機會，在一起切磋了！

原載民國七十六年三月「郵人天地」第二〇五期

我的朋友胡局長全木兄
（原名張翊前郵政儲金匯業局副局長）

幼愚

首先得說明的以「我的朋友」爲題並非如「我的朋友胡適之」般有著攀龍附鳳的意味。筆者與全木兄相處半個世紀，每遇聚會閒談起來有著說不完的「同」字，從兩度同窗（初中及大學）以至同事、同年、同船、同室、同居、同好、同鄉等等，屈指難盡，眞可以數到麻將牌中的「九筒，（筒）與（同）同音」。

自本年三月一日起，胡局長全木兄即將屆齡退休，筆者與其相處甚久，對於平素爲學、治事、做人、處世相知甚稔，且甚多值得一提，特就其公私行誼點滴介紹，或可作爲他山之石，以供年青輩朋友磋琢。其公餘生活，亦可作爲茶餘飯後之閒談資料。

首先要談到的是兩度的同窗，民國二十五年間，全木兄由杭州清皮中學轉來浙江省立紹興初級中學就讀，與筆者有同學之誼，且屬同級同班同一寢室及同一自修室，經常早夕相處。其治學的特色是不論學科術科體育軍訓均視同一體，力求高分而不偏廢。此種治學態度，一直延伸至大學、業務訓練班、外語進修班，都保持爲首一二名的記綠。甚至連北投軍郵訓練班的夜間緊急集合，亦都力爭前茅。其好學力行方式，印證於處事上是方正而不苟且，對於在郵政崗位上日後事業的發展，有著莫大的助益。民國四十四年間，筆者與全木兄再度同窗於東吳大學夜間部法律系，除在日間於公務上不時接觸外，晚間亦經常碰面。其學業及品行，爲全班之冠，因之由學校提名推薦爲國際性之斐陶斐榮譽學會（The Phi Tau Phi Scholastic Honor SOCIET）會員。此項被推薦之會員應具之要條件爲「品學特優者」，此與其他「社」、「會」，繳納入會費加入者，其情況完全不同。

以上所談爲同窗經過，現在再來談談早期在浙江郵區同事的一些瑣事。筆者係於民國卅二年在浙江龍泉蓋竹考進浙江郵政管理局辦事處爲郵務佐，全木兄則於卅四年入局爲郵務員，與今郵政總局汪局長承運兄同榜。郵務員招考在前而傳用在後，入局後同在「蓋竹」共事。「蓋竹」爲一個濱臨浙閩交界處公路邊的小村，居民多業農，少見世面，更不知上班辦公爲何物，對一大堆郵政人員每天進進出出，滴滴答答（打字聲），不事生產卻有花不完的鈔票，甚爲不解。老百姓認爲這批人只消費而不事生產，將來會一文不名討飯回去，由此可知蓋竹這一地方民情的閉塞。在蓋竹的生活，水電設備根本談不上，夜間照明普遍使用青油燈（尚不及菜油燈及桐油燈），在油盞上放置數條燈芯（此物現只有在中藥店有賣），點燃後燈光如豆，且直冒煤煙。當時於公餘偶作竹林之遊，桌之四角僅有兩盞青油燈，三、四小時後，各人鼻孔充滿黑煙，但仍興趣盎然，其樂融融。在當地，電燈不用談，煤油燈也沒有，洋蠟燭是奢侈品，只在辦公室偶而點燃，此種生活當時並不以爲苦。蓋竹地僻無音樂，公餘休閒活動，少不了來點絲竹之聲，打發鄉間的寂寥生活。在絲竹樂器中，以胡琴最爲普遍，不過高手不多，全木兄與另一同仁的胡琴當時在蓋竹是首屈一指的，一曲「空山鳥語」（此曲在當時琴譜中最爲難拉），令人有置身原野之感，來臺後此調不彈久矣。全木兄的另一拿手是一筆王羲之「聖教序」的書法，雖談不上亂眞，而功力甚爲深厚，全木兄於十餘年前曾恭錄觀世音菩薩的「心經」一篇，參加首屆交通機構書畫展覽，列入佳作之林，由於平素不以之示人，故同仁間知者不多。

再次要談的是日常生活。有人喜歡抽洋菸、喝咩酒、穿用名牌服飾，這些在全木兄身上都看不到影蹤。在穿的方面，甚少用舶來品，更談不上奢華，出客西裝固然不缺，日常生活上的衣著，有的還是檢兒子穿不上的來穿。飲食一道更不挑剔，素不抽菸，偶而小飲數杯，品類不拘。生活儉約，無特殊嗜好，平素身上帶錢不多，不會超過千元，薪俸袋總是原封不動交給太座。公餘喜愛體育活動，對網球及羽球國際級明星都瞭若指掌。在其生活領域中，對土風舞及羽球情有獨鍾，他也愛好爬山，雖年逾耳順，但爬起山來，健步如飛，不輸年經人。其餘是寫文章看電視，其大作散見於今日郵政及郵人天地，偶而也在「中副」中看到他的作品。早期以「近仁」爲筆名，以後多用「剡溪」或「凌佩青」，有時也用「道林」、「四明」、「伯椿」等別號，諸同仁如經常閱讀上述兩種刊物，當不難發現其大作宏文。

現在再來談談全木兄的對人處事。一般人做官，免不了有架子，這是中外皆然的。有些人在官位不高時看不出，升官後就慢慢地顯現出來。有些人官小架子大。全木兄身為儲匯局局長，官架子卻與其無緣，對各級同仁，尤其是基層人員仍然隨和親切，與下屬應對無絲毫官氣。當然，這也並非空前，在退休的郵政高級首長中，亦不乏謙和平淡之先進長者。不過做官而無官味，總是難能可貴的。除了沒有官架子外，其處事的方正不阿，亦值得一提。即使親朋好友的眷屬有所請託，希望調入屬下某一單位，此在其能力範圍內可不費吹灰之力完成囑咐，而全木兄則必然使依序排隊等候。在其直屬單位中遇有次級主管缺位，如在其個人權力範圍之所能定奪，盡量尊重單位主管意見，避免插隊或空降，這些在一般主管較難做到，而全木兄則持此不渝。主管受僚屬之崇敬，並非全賴權力，以德服人始能令人永矢不忘。不過以德服人，說起來容易，做起來可不簡單，必得以學識、經驗、品德及力行作基礎，在執行上始能令人心悅誠服，全木兄於此可當之無愧。由於在郵政服務成績特優，全木兄曾於民國七十年度被保薦層奉總統核定為行政院所屬中央機關七十年保舉最優人員，亦屬實至名歸。

物換星移幾度秋，筆者與全木兄於三十五年五月十三日同船來臺，於此已逾四十寒暑。由最初對臺灣之異鄉陌生感，進而至於視同為第二故鄉。茲全木兄退休在即，特撰蕪文介紹其點滴行誼，以資留念。

原載民國七十六年二月「郵人天地月刊」第二〇四期

集郵之友胡全木先生

（前中國集郵協會理事長）

陳繼勳

郵政總局第一副局長兼郵政儲金匯業局局長，吾友胡兄全木，於服務郵政事業四十一年七個月後。將於本年三月一日屆齡榮退。胡副局長爲浙江嵊縣人，畢業於東吳大學法律系，因成績優異，被學校當局保薦加入爲斐陶斐榮譽學會會員，民國四十二年參加全國高等考試財政金融人員考試，榮獲第一名。民國七十年被保舉經層奉總統核定爲行政院所屬各中央機關七十年保舉最優人員。

胡副局長全木於民國三十四年七月一日在浙江郵區進局，三十五年五月奉派來台接收台灣郵政，歷任台灣郵政管理局組長、副科長、秘書、郵政儲金匯業局副處長、處長、副局長；郵政總局副處長、秘書、處長、主任秘書等職務。民國七十三年十二月一日接任郵政總局副局長，七十四年一月十四日兼任郵政儲金匯業局局長，迄今退休爲止，服務郵政事業共達四十一年七個月，其間因工作努力，著有勞績，曾記一等功十三次，二等功二次，三等功二次及嘉獎一次，並無任何過失懲處紀錄。

胡副局長於六十三年三月一日至七十一年六月五日，擔任郵政總局集郵中心主任（六十九年九月一日改爲集郵處）及集郵處處長八年三個月期間，對集郵風氣之倡導促進及集郵業務之推展，不遺餘力，尤對國外集郵之宣傳。國際集郵市場之展開以及國民外交之增進，成效卓著，貢獻良多。集郵收入由其接任集郵中心主任前一年，即六十二年之新台幣四千七百多萬元增至其卸任前一年，即七十年之一億四千五百萬元，增加三倍多。

胡副局長任期八年多主持郵政總局集郵部門期間，曾舉辦過多次郵展，較著名有軍中郵展，慶祝抗戰勝利三十週年軍中巡迴郵展，國父郵票特展，中國郵幣展覽，中國古典郵展等，其中尤以舉辦兩次大規模國際性郵票展覽最爲成功，獲得國內外集郵人士一致讚譽，第一次爲慶祝我國第一套郵票大龍郵票發行一百年於民國六十七年三月二十日至二十九日在台北市國父紀念館舉辦百年郵展，展出中外票品一千一百三十多框，參展之國家及地區計八十九個，參觀人數逾二十六萬人。第二次爲慶祝中華民國建國七十年於七十年十月二十五日至十一月二日在台北市愛國東路郵政總局儲匯大樓而舉辦之建國七十年郵展，展出票品計二千一百多框，參展之國家及地區共計一百十七個，參觀人數超過三十萬人。胡副局長當時因負責策劃辦理建國七十年國際郵展備至辛勞，經層奉總統核定爲行政院所屬各中央機關七十年保舉最優人員。

胡副局長在集郵中心主任任內，爲進促進國際文化交流，使國際人士從郵票上圖案來認識並瞭解我國悠久歷史文化及目前在台灣之進步情形，並配合國家總體外交政策，以加強國際宣傳，除編印「從郵票看中華民國」畫册中文、英文、法文、德文、西文、日文、韓文各一種於國內外發行及贈送外，並於國外各重要都市舉辦「中華民國郵票展覽」，展出由集郵處精心製作「從郵票看中華民國」郵票展品一百數十框，框上除郵票外，並分別以中文、英文、法德義文、日文、阿拉伯文、西文、韓文等作說明，俾使國外觀衆易於瞭解，計在其任期內共舉辦六十一次，展出地區遍及亞洲、澳洲、美洲、歐洲及非洲，在三十一國家六十城市展出。

胡副局長於四十九年曾奉派參與郵政儲金匯業局在台籌備復業工作，擔任業務處副處長，對籌備復業及儲匯業務有關規章之草訂修正等工作，卓著貢獻，至七十二年四月奉派擔任儲匯局副局長，七十四年十一月升任局長，在其擔任儲匯局副局長及局長數年以來，對儲匯業務之推展亦不遺餘力，其中尤其儲金業務爲最，儲金結存額由七十二年四月新台幣二千七百十億元增至七十六年一月六千七百四十九億元，儲戶戶數亦自一千二百六十六萬餘戶增至一千六百八十二萬餘戶，七十二年至七十五年間，儲匯局盈餘共達新台幣三百十五億元之鉅，對郵政經濟及國家財政當有其貢獻。

胡副局長在其擔任郵政總局集郵中心主任及集郵處處長期間，與集郵人士相處極爲融洽，在郵壇上甚孚衆望，譽爲集郵之友，海內外集郵家特假台北市忠孝東路四段一七二號三普大飯店十五樓國際宴會廳舉行榮致紀念茶會，以表彰其對推展集郵之貢獻，及對各郵會各集郵人士間之良好合作關係，謹表謝忱與致敬。同時歡迎胡副局長榮致後，步潘安生先生（前郵政總局副局長）共同參加集郵行列，爲集郵界爭光。

海內外參加胡副局長榮致紀念茶會單位及集郵家名錄：

中國集郵協會　中國集郵協會屏東縣分會
高雄市寶島郵學會　美國中華郵票會中華民國分會
台南市郵學會　香港尖吵咀集郵中心
嘉義市集郵協會　菲律賓華僑郵學會
彰化縣郵學會　新加坡集郵協會
台中市中興郵學會　新加坡牛車水集郵會
台北縣集郵學會　新加坡菜市集郵會
宜蘭縣集郵學會　全日本郵趣連合
中華民國方寸會　日本郵趣協會
中國專題郵會　韓國郵趣連合

孔令鑫、方茂夫、方晛輝、王忠振、王宗權、王道湘、王敦仁、王嘉仁、王明瑞、朱一戍、朱守一、朱靜安、朱志平、朱煥鈞、江敬鏞、江詩群、何連生、何馥南、吳季賢、吳新、吳明彩、吳樂園、吳悲塵、吳憲良、李恭、李好謀、李茂松、李文亮、李佳芳、李光烈、李中行、李朝元、李東明、李宗膺、李清盛、李鏡禹、杜宗志、沈宗偉、沈英明、沈嘉濟、沈家旭、周鵬明、周俊荇、周鈞智、周雞晨、尚衡、林文琰、林奇、林昌、林昌龍、林國仲、林忠孝、林棋清、花心冰、邱振龍、邵嶽峰、候金山、俞兆年、段佑泰、洪建鴻、胡新、唐存政、孫仲謨、孫會文、徐名標、徐祖欽、徐景明、徐樹田、徐敏雄、徐順生、栗文玉、留海光、袁靜淵、郝凌君、馬傑、康允弘、張敏生、張天明、張國棟、張國祥、張志明、張漢明、張淦生、張錦昌、梁允武、梁德夫、莊家傑、莊廷良、許菱祥、許耀榮、郭木生、陳炯、陳兆漢、陳元祺、陳錫瑜、陳讚柱、陳炳輝、陳國珍、陳端和、陳博舟、陳崇富、陳國雄、陳再傳、陳榮茂、陳明德、陳福欽、陳繼勳、傅子綿、傅慶豐、屠錫琴、曾丁樹、盛德山、程繩祖、華裕寬、黃瑀、黃文憲、黃建斌、黃錦智、黃秉慈、黃履中、黃正義、黃光城、黃共集、黃鑫楨、楊定波、楊榮一、楊志華、楊宗耀、溫萬發、萬冠君、葉增壽、葉昭政、廖光禹、廖鳳生、趙子明、劉煥民、劉榮三、歐陽光、潘安生、蔡英清、蔡詩濱、蔡永良、蔣全福、謝端人、謝富雄、謝炳奎、鍾南、鍾火盛、簡錫章、簡俊德、顏文輝、魏耀林、魏淑華、羅宏益、闞肇龢、嚴啓文、欒永生、島田達雄、福井和夫、郁銘之（筆劃序）

原載七十六年三月中國集郵協會「會務簡訊」第二四六期